BtoB
マーケティング
偏差値 UP

シンフォニーマーケティング
庭山一郎 著

日経BP

まえがき

この本は、セミナーでいただいた1つの質問からからスタートしました。

「経営層から、『モノ売りからコト売りへの転換』という方針が出されましたが、具体的にどうすればよいか分かりません」

「コト売り」は、はやり言葉の二の舞いになるとの危機感

質問された方は、マーケティング準備室のマネジャーで、本当に困っている様子でした。近年、多くの日本企業の経営者は「コト売り」という言葉を経営戦略として中期経営計画に織り込んでいます。しかし、現場にとっては抽象的で、「How」つまり「戦術」がありません。戦術の無い戦略は「絵に描いた餅」です。このままでは「バリュープロポジション」「カスタマーエンゲージメント」といった言葉と同様に、担当者が腹落ちすることなく、いたずらに現場を混乱させ、結局フェードアウトしたはやり言葉の二の舞いになると思いました。

コト売りへの転換は時間軸の話です。気配りの話でも、営業手法の話でもありません（詳細は本書第6章で説明します）。マーケティング、営業、ものづくりが一体となって連携しなければ達成できない大変革であり、連携のプラットフォームは「デマンドセンター」です。そうしたインフラを整備しないでコト売りに転換できるわけがないのです。混乱している現場のためにも、「コト売りの指針となる本を書くべきだ」と考えて企画をまとめました。

当初は「コト売り」をテーマにした出版企画だったのですが、私の前著『究極のBtoBマーケティングABM』の編集を担当してくださった日経BPの松本敏明さん、同社編集委員の松山貴之さんとの出版に向けたミーティングの

席で、松山さんから「日本のBtoBマーケティングがうまくいっていないのはコト売りだけでしょうか？」という問いかけがありました。

確かに考えてみれば、マーケティングをまったくやっていない企業は少なくなり、展示会、Web、SFA、MAなど、虫食い的にマーケティングを導入し、投資を重ねています。しかしその多くは「売上貢献」という成果を出せていません。理由は、部分最適でマーケティングがつながっていないからです。その根本的な原因は、企業全体のマーケティングへの理解の低さです。

「モノ売りからコト売りに転換せよ」という戦略は正しいのですが、それを実現する戦術が無いので「どうやってコト売りに転換したらよいのかが誰にも分からない」という現象が起きています。これも、経営層も含めたマーケティングへの理解が低いことが原因です。

浮かび上がった言葉、「マーケティング偏差値」

出版に向けたミーティングでそうした話をしている中で、新たな方向が見えてきたので企画を練り直すことにしました。日本のBtoBマーケティングがうまくいかない本質的な理由を改めて掘り下げてみようと考えたのです。思いついたことをメモしていく中で、1つの言葉が頭に浮かびました。それは、私がコンサルティングや講演の質疑応答で時々比喩として口にしていた「マーケティング偏差値」という言葉です。

「偏差値」は高校や大学を受験する日本人を長きにわたって苦しめた言葉で、良いイメージを抱かない方もいると思いますが、「学力レベル」の代名詞として定着しています。マーケティング部門のマーケティングナレッジだけではなく、経営層、営業、ものづくりまでの企業全体のマーケティングナレッジのレベルを高めることの重要性を伝えるために、私はしばしば「マーケティング偏差値を上げましょう」と言ってきました。

　それが、本の新たな主題となりました。主題は「BtoB（法人）マーケティング偏差値を向上させ、マーケティングとセールスを再構築する」で、本のタイトルを「BtoBマーケティング偏差値UP」としました。

　マーケティング活動の部分最適やマーケティング部門の社内孤立という現象は、マーケティング偏差値が低いことが原因で起こっています。この本を読むことで、その負のメカニズムが解き明かされます。さらに、マーケティング活動を全体最適でつなぎ直し、マーケティング活動が売上に貢献する、少なくともそのきっかけになってほしいとの願いを込めて書き上げました。

本書の構成

　第1章「BtoBマーケティング、日本の通信簿」では、2020年現在の日本のBtoBマーケティングを俯瞰した現在位置を書いています。偏差値を高くしようと考えた場合、まずは現在の偏差値を知らなくては対策を立てられません。日本企業の等身大の姿を紹介しています。

　第２章「日本企業の実情」では、展示会、MA、インサイドセールス、ABMなどの個別のマーケティング活動で見た現在位置と、その対策、そして偏差値を上げるためのヒントを書いています。

　第３章「日本が遅れた理由、追い付けない要因」では、世界有数の経済大国である日本のBtoBマーケティングがなぜ先進国からこれほど遅れてしまったのか、その理由と、キャッチアップを阻害している要因を解説しています。

　第4章「世界に追い付く戦略的思考」では、「戦略」「戦術」といったよく使われる言葉の定義や意味、その由来と、それが現代ビジネスでどういう意味を持つかを解説しています。マーケティング偏差値アップには欠かせない知識としてまとめました。

第5章「マーケティング偏差値を上げる」では、マーケティング部門以外の経営層、営業、研究開発や設計などのものづくりの人々に向けて、最低限理解し、共通言語化すべきマーケティングのフレームワークを解説しています。

　第6章「コト売りとデマンドセンター」は、マーケティング担当者向けに書いています。第5章で企業全体のマーケティング偏差値を上げた後、再構築すべきマーケティングの仕組みである「デマンドセンター」と、その目的である「コト売り」の両面から解説しています。

　第7章「その先のアラインメントへ」では、マーケティング、営業、ものづくりが連携した「あるべき姿」を書いています。ここで示しているのは「世界の先端」です。日本企業が世界で戦うには、たとえ何年かかろうと到達しなければならない地点です。

　本書ではマーケティング用語、その略語がたくさん出てきます。主な用語、略語を「マーケティング用語集」として巻末にまとめました。本書で知らない言葉が出てきたとき、こちらを見てください。また、本書で登場するマーケティングの主要な人物も紹介しています。参考にしてください。

2020年夏吉日

シンフォニーマーケティング　庭山一郎

目次

第6章 コト売りとデマンドセンター

第7章 その先のアラインメントへ

第**1**章

BtoBマーケティング、
日本の通信簿

この本の主題は、「BtoB（法人）マーケティング偏差値を向上させ、マーケティングとセールスを再構築する」です。偏差値を向上させるには、まず現在の偏差値、つまり現在位置を知らねばなりません。

統計データからでは見えない「風景」を描くことで客観視

　現在の日本企業のマーケティング偏差値を測る方法として、企業のマーケティング予算／人員数、マーケティング担当者の研修予算、MAなどのツールの導入企業数、CMOやそれに類するマーケティング担当役員がいる企業の割合などの統計データで定量的に示すことは可能です。しかし、それらでは適切に現在地を測ることはできないと思いました。

　そもそもマーケティングの定義が曖昧であるため、マーケティング予算といっても広報や宣伝広告の費用かもしれませんし、CSR（企業の社会的責任）やSDGs（持続可能な開発目標）など環境や社会貢献活動の予算を含んでいるかもしれません。マーケティング人員といっても、旧来のリサーチや広報、宣伝広告部を含んでいるかもしれません。CMOの肩書きを持つ人を数えたところで、マーケティングの実務に携わったキャリアや専門知識が無ければ役割を果たすことは難しいはずです。こうした「中身」は、統計データでは分からないのです。

　そこで、日本企業のマーケティング偏差値をつかむために、本章ではあえて定量的ではない方法を採用します。それは、マーケティングの現状を「風景」として描くことです。定性的な手法になりますが、風景として描くことで客観的に見つめることができ、自分たちが置かれている現状を理解できると企図したのです。

1-1 マーケティング先進国から眺めた日本

　2018年にAdobeに買収されたMarketoの本社は米国のサンフランシスコとシリコンバレーの中間に位置するサンマテオにありました。2013年9月、Marketo本社での打ち合わせを終えて、私は1人レンタカーに乗って近くの丘まで行きました。広大なサンフランシスコ湾と野生のアシカが泳ぐ岩礁が見えるその丘の上で、気持ちの良い風に吹かれながら、「日本のBtoBマーケティングにもようやく夜明けが来た」と確信し、未来に胸を膨らませていました。

　当社（シンフォニーマーケティング）は1990年から、BtoBにフォーカスしたマーケティングサービスを提供してきました。サービス開始から20年近い間、米国や欧州に本社を持つ外資系のITやハイテク企業がクライアントでした。「いつかは日本のBtoB企業もグローバルスタンダードなマーケティングをやるようになる、その時はいち早くサポートしたい、日本企業のグローバルマーケティングを支援したい」そういう思いを持ち続けていましたが、実際に日本のBtoB企業がマーケティングに取り組む兆しが見えたのはサブプライム・モーゲージ・クライシス（リーマン・ショック）の後のことです。

2000年から米国でマーケティングシステムが普及

　米国やそれに追随する欧州のマーケティングがどんどん進化し、成果を上げているのを横目で見ながら、そうした欧米企業の日本でのマーケティングを日々サポートしていました。欧米でのBtoBマーケティングの進化の象徴の1つがMAと呼ばれるビジネスアプリケーションであり、訪問したMarketoはその代表的な企業の1つでした。

11

米国でMAと呼ばれるマーケティングシステムが普及し始めたのは2000年からです。カナダ・トロントで暮らしていた2人の青年が開発したEloqua（現Oracle Eloqua）が世界最初のMAとして米国で大ヒットしたのです。そのEloquaの成功を見てMarketo、HubSpot、Silverpop、PardotなどのMA製品が次々に誕生し、BtoB向けのマーケティングテクノロジーとして大きなムーブメントを起こしていました。これらの導入を主導するコンサルティングファームや、システムのセットアップを担当するサービス会社なども誕生し、それらのニュースを専門に扱うBtoBマーケティング専門誌やオンラインメディアも登場しました。

当時、日本のBtoB企業にはマーケティング組織すら無い

　その頃、日本で「マーケティング」と言えばコンシューマー向けであり、多くのBtoB企業にはマーケティング組織はなく、CMOもいませんでした。そんな状況で日本企業にMAが売れるはずもなく、当時日本のMAユーザーの90%以上は外資系企業だったのです。外資系企業だけが使っているという状態は「日本に市場がある」とは言えません。なぜなら、米国本社でグローバル契約をしている場合、日本法人が使ったとしても、MAベンダーの日本法人の売上には計上できないからです。

　「日本でMAが売れた」と言えるのは日本企業が採用したときです。日本の製造業の多くはグローバルでビジネスを展開している紛れもないグローバル企業でしたが、マーケティング組織は無く、ナレッジを持った人も、マーケティングを主管するCMOやそれに類する担当役員も数えるほどでした。日本企業はいまだ「強い製品と強い営業部隊で勝てた」時代の余韻に浸っていたのです。

　その状況を米国のMAベンダーもしっかり把握していました。日本には「まだBtoBマーケティングツールの市場は無い」と判断していたのです。事実、2011年にMarketoのCEOだったフィル・フェルナンデスと会った時、彼

は「米国内の競争が非常に激しい」ことを理由に、「日本進出はまだ先だと考えている」と率直に本音を話してくれました。

ついに、世界のトップMAベンダーが日本市場に参入

しかし、2年後の2013年当時、MarketoのCMOだったジョン・ミラーや後に日本に長期滞在することになるバイスプレジデントのエイミー・ガリーノとのミーティングでは、「来年は日本法人をつくるよ、もう準備を始めている」という明確なものでした。

実はその数週間前には、OracleのEloqua担当者から「日本市場でも近いうちにリリースすることになった」と連絡が入り、IBMが買収したSilverpopも、Adobeが買収したフランスのMA企業Neolaneからも「日本でのリリースが決まった」との知らせがありました。世界のトップMAベンダーが一斉に日本市場に参入し、今度こそ時代が変わると思いました。会社を立ち上げてから23年がたっていました。

「ようやく日本のBtoBマーケティングの夜明けが来る」——。

これが、サンマテオの海岸を眺めながら思ったことです。私は意気揚々と日本に帰国しました。

ツールは導入されたが「売上貢献」には至らず

それから7年がたった2020年、日本の現状はどうでしょうか。米国との差は縮まるどころか、かえって引き離された感があります。Marketo、Eloqua、HubSpot、そして後から参入したSalesforce.comのPardotなどは日本でもよく売れました。これらの外資系企業に刺激されて国産のマーケティングツールベンダーも製品開発を加速し、次々と製品をリリースし、販売も好調です。

しかし、導入した企業の多くはこうしたツールを十分に活用できていませ

ん。それどころか運用をやめ、ただのメール配信ツールになってしまっている
ケースもあります。ツール導入時に期待された「売上貢献」まで至った例
はいまだ少ないのです。

　サンマテオの丘で見たあの日の夢が実現していれば、日本は今ごろBtoB
マーケティングの先進国に肩を並べているはずでした。そのマーケティング
をエンジンにして、日本の製造業や金融業が世界で再び輝きを放っている頃
なのです。

　残念ながらそうはなっていません。日本の多くのBtoB企業は「マーケティ
ングは必要だ」と考え、いろいろ取り組んでお金も人材も使っています。し
かし、それらの多くは残念ながら部分最適でつながっておらず、「やってい
るつもり」なのです。経営戦略の根幹を成すマーケティング戦略も、それを
実現するための戦術も、実行に十分なスキルとリソースを備えた組織も持た
ずに、思いついたようにマーケティングをやり散らかしているのです。これ
では成果が出るはずがありません。

導入済みツールを全体最適でつなげば成果を出せる

　ただ、この10年の間に、BtoBマーケティングに必要な要素やパーツはそ
ろってきています。つながっていないので成果は出ていませんが、「要素が
そろっている企業が多い」というのが私の実感です。全体最適で再設計し、
各要素をつなげることができれば、「売上貢献」という成果を出すことがで
きるのです。

　つなげるために必要なことは、「マーケティング偏差値」の向上です。マー
ケティング戦略は、全社で共有することで初めて役に立ちます。営業部門か
ら見てマーケティングという言葉がうさん臭く感じられているとしたら、そ
の企業のマーケティング偏差値は低いと言わざるを得ません。マーケティン
グ偏差値アップは、マーケティング部門だけでなく、経営層、ものづくり部門、

営業部門など、多くの部門が対象です。全社のマーケティング偏差値が低ければ、つまり、マーケティング理解度のレベルが低ければ、強い企業になることはないでしょう。

　マーケティング偏差値を引き上げて、マーケティングとセールスの仕組みを再構築し、正しく運用できれば、日本企業はまだまだ十分世界で戦えます。そんな思いを込めて、本書を書き進めます。

事業部予算会議を実況すれば

　ではここから、マーケティングの現状を表す「風景」を紹介します。最初は、事業部の予算会議です。私が実際に参加した会議を基に組み立てた仮想的な内容ですが、実情と大きく離れてはいないと思います。

　少し長いですが、同じ想定の2つの会議を示します。前者はマーケティング偏差値が低い企業、後者は高い企業です。対比することで、違いがよく分かると思います。

日本のBtoB企業の典型的な予算会議

事業部長　：来期の予算が固まってきたぞ、ウチの事業部で440億円だ

A部長　　：ずいぶん積まれちゃいましたね、140%ですよ

事業部長　：製品が好調だからな、仕方がないよ

B部長　　：これが営業予算です

事業部長　：4部合計で400億円、40億円ショートか、厳しいな……

C部長　　：ウチの部はこれでいっぱいいっぱいです

A部長　　：ウチもこの数字はハードル高いですね

事業部長　：営業所や販売代理店とも詰めたのか？

B部長　　：詰めています。担当している顧客やエリアの数字をかなり詳細に詰めてこの数字です

D部長　　：ウチは中・四国と九州の新しいエリアなので、この数字も怪しいのが正直なところです

事業部長　：何が問題なんだ？

D部長　　：案件が全然ありません。既存顧客がいないエリアなので

事業部長　：それじゃ40億円の大穴が空くじゃないか……

A部長　　　：何とか交渉できませんか、440億円なんて無理ですよ

事業部長　：今さら無理だよ。メインの商材の案件単価は3,000万円だから、受注で約130件だ、何とかならないか？

B部長　　　：目いっぱい積んだ上に130件はきついですよ、案件からの受注決定率が30％とすると400件の案件でも足りない計算ですが、もうどこを突いても出てこないです

事業部長　：去年MAを導入しただろ、あのメルマガとか出してるやつ、あのデータは使えないのか？

C部長　　　：情報システムから広報に移管されて今は3,000人くらいにメールを配信してますが、案件は出ないでしょ

事業部長　：そうなのか？　マーケティングをやるって言ってたけど

C部長　　　：メルマガを配信してるだけですよ。秋のセミナーの集客が悪いので「メールを配信しくれ」って頼んだら、2週前に原稿と配信リストを申請しないとダメだって断られました

B部長　　　：あれ営業から評判悪いね、顧客に送るのをやめてくれってみんな言ってますよ

C部長　　　：ネタがもう無いので配信ペースを下げるみたいですよ

A部長　　　：隣の事業部の計測機器とウチの製品は相性がいいですよ

事業部長　：ターゲットが重なるってこと？

A部長　　　：そうです

C部長　　　：確かに、そう言われてみると組み合わせての導入も多いな

事業部長　：その計測機器の顧客データはどのくらいある？

C部長　　　：隣の事業部のデータは分かりませんね

事業部長　：あの事業部は昔から展示会に出ているからリストをけっこう持ってるだろ、使えないかな

C部長　　　：無理ですね、あそこの事業部長はMAにデータを統合することに反対して、自分の事業部だけのデータベースをせっせと作っています。使わせてなんかくれませんよ

事業部長　：SFAはどうだ、あの中のデータは全社共有だろ

C部長	：無理です。データ登録するときにオーナーを入れるんですが、そのオーナー以外は触れないルールなんですよ。この前、広報が間違ってメールを配信したら「俺の客に勝手にメールを出すとはどういうつもりだ」って怒鳴り込まれて大変だったって言ってました
事業部長	：俺の客って、会社の顧客だろ
A部長	：まぁウチの事業部も自分たちの顧客データはMAに入れてませんから同じですよ
事業部長	：じゃ、どうするんだ
C部長	：さすがに40億円の穴は空けられないですから、どっかからデータを買って片っ端から電話させましょう
A部長	：個人情報を買うのか？
C部長	：いやそれは違法なので、企業情報を買います、電話番号くらい入ってるでしょ
D部長	：本社の代表電話に制御機器の営業電話をかけるんですか？
B部長	：営業が会いたいのは生産技術の人ですよ、本社にいるわけないじゃないですか
A部長	：販売代理店の営業データは使えないかな？個人情報だけど
C部長	：代理店が顧客情報をウチに開示するわけないですよ
事業部長	：今期の展示会はどうなってる？
A部長	：上期に2つの展示会に出展しますが、主管が広報部なので個人情報の取得には消極的ですね。例年通り製品展示に重点を置くようです
事業部長	：でも名刺やバーコードは集めるんだろ、それを使えないの？
A部長	：ダメですね、広報と法務がプライバシーポリシーをどんどん厳しくしているので、メールも出せないんです
事業部長	：それじゃ意味無いな。デジタル広告の予算は通ったんだろ、あれどうなってる？
B部長	：来月からスタートします。でもデジタル広告からの資料ダウンロードの登録先がMAなんですよ
C部長	：広報管理か、ウチが使うには社内調整がかなり面倒ですよ

事業部長　：商談が足りないんだ、じゃインサイドセールスを増員して電話をかけ
　　　　　　まくるしかないな

D部長　　：いえ、アポイントを取っても上期は営業リソースが無理ですよ。生産
　　　　　　を打ち切る製品の説明もあるし

事業部長　：40億円も穴が空くって時にそんなことを言っていられないだろ、や
　　　　　　らせろよ

D部長　　：働き方改革で営業の残業もダメって人事からきつく言われてます。簡
　　　　　　単じゃないですよ

事業部長　：隣の事業部のリストも使えない上に広報に法務に人事か、敵ばっかり
　　　　　　だな、ウチの会社は……。これじゃ 440億円なんてとても無理だな
　　　　　　……

A部長　　：何とかもう一度交渉できませんか、無理ですよ

マーケティング偏差値が高い企業の予算会議

　次は、同じ設定で、マーケティングが機能している企業の例です。企業横断のデマンドセンターが稼働し、全社データが健全な状態で統合管理されています。それだけでなく、営業部長や事業本部長も、マーケティングの基礎知識や役割を理解しています。

事業部長　：来期の予算が固まってきたぞ、ウチの事業部で440億円だ

A部長　　：ずいぶん積まれちゃいましたね、140%ですよ

事業部長　：製品が好調だからな、仕方がないよ

B部長　　：これが営業予算です

事業部長　：4部合計で400億円、40億円ショートか、厳しいな……

C部長　　：ウチの部はこれでいっぱいいっぱいです

A部長　　：ウチもこの数字はハードル高いですね

事業部長　：営業所や販売代理店とも詰めたのか？

B部長　　：詰めています。担当してる顧客やエリアの数字をかなり詳細に詰め
　　　　　　てこの数字です

D部長　　：ウチは中・四国と九州の新しいエリアなのでもう少し積める可能性はありますが

事業部長　：おぉ、すごいな。あとどのくらい行けそう？

D部長　　：頑張って10億円でしょうか。マーケティング部門が先行して地域内ターゲット企業のデータを集めてくれたので、ショールームの集客も好調で、良い案件が多いんですよ

事業部長　：そりゃあいいね、しかしそれでも30億円の穴かぁ

マーケ部長：30億円はマーケティング由来でつくるしかないですね

事業部長　：メインの商材の案件単価は3,000万円だから、受注で100件だ、何とかなるか？

B部長　　：案件からの受注決定率が30％とすると300件の案件が欲しい、案件化率50％で600件のアポイントが必要です

事業部長　：ターゲットデータはどうなってる？

マーケ部長：この製品のターゲットデータは現在、320社で約3,700人を保有しています。これだと足りませんね

A部長　　：この制御機器は隣の事業部の計測機器と相性がいいですよ

事業部長　：ターゲットが重なるってこと？

A部長　　：そうです

C部長　　：確かに、そう言われてみると組み合わせての導入も多いな

事業部長　：その計測機器の顧客データは？

マーケ部長：ちょっと待ってください、えっと既存顧客が220社で個人だと約1,000人ですね。そのうちの140社とメンテナンス契約を結んでます。それと、展示会などで収集した見込み客が1,200社の約7,500人がMAに登録されていますね

事業部長　：あの事業部は昔から熱心に展示会に出てるからな

A部長　　：重複を考えると合計で何件くらいになる？

マーケ部長：企業で約1,500社、個人で約12,000人ってとこですね。それに、MAの全社データの中で、業種や規模、部署などが近いデータが約4,000人分ありますから、それを加えて約16,000人がコンタクトで

きるターゲットデータですね

事業部長　：あそこの事業部長とMAの責任者のCMOには私から話すけど、そこ
　　　　　　からどのくらいの案件が出せる？

マーケ部長：今までのメール開封率やクリック率、コール到達率やアポイント率か
　　　　　　ら計算すると、コンテンツやインサイドセールスのスクリプトを工夫
　　　　　　すれば毎月60件のアポイントなら出せそうです

事業部長　：年間で720件か、フォローするリソースは

C部長　　　：30億円の穴は空けられんでしょ、何としてもフォローしますよ

マーケ部長：アポイントからの案件化率が今年で50%でしたから360件、そこか
　　　　　　ら100件の受注につなげる商談ストーリーが必要ですね

A部長　　　：それは営業で詰めるよ、でももっとデータが欲しいな

B部長　　　：販売代理店の営業データは使えないかな？個人情報だけど

マーケ部長：共有のパーミッションを取り直せば使えます。それはマーケの方で
　　　　　　法務と相談してやりますが、代理店で顧客情報を開示してくれるとこ
　　　　　　ろがありますか？

C部長　　　：ウチの専従代理店なら動かせる、当たってみよう

マーケ部長：いいですね、分母が増えれば供給できるアポイントの数も増やせるし、
　　　　　　何より質も上がります

事業部長　：今期の展示会はどうなってる？

マーケ部長：上期に2つの展示会に出展して新しいリードが約8,000人分追加に
　　　　　　なる予定です

D部長　　　：そりゃ心強いね、今のデータで6カ月頑張れば新鮮な援軍が来るわけ
　　　　　　だ

マーケ部長：2つとも出展したことのない展示会ですから既存データとの重複は
　　　　　　少ないはずです、期待できますよ

事業部長　：デジタル広告の予算は通ってる？

マーケ部長：来月からスタートします。デジタル広告からの資料ダウンロードが
　　　　　　月に10〜15件は期待できますね。

A部長　　　：あのランディングページの動画はいいよ、ウチの制御機器の新機能で

ワークの時間を短縮した事例だから続きが知りたくなる、ダウンロード多いと思うよ

事業部長　：となるとインサイドセールスを増員しないとダメかな？

マーケ部長：いえ、その必要はありません。営業リソースの制限がありますからアポイント数は増やせないんです。営業も働き方改革ですからね。でもアポイントは増やせないとしても、質を向上させてアポイントからの案件化率を10%上げられればパイプラインを60〜70件増やせます

事業部長　：そこから20件受注できればさらに6億円積めるわけだ

D部長　　：そんな簡単にはいきませんが（笑）、マーケから供給される商談の質次第ですね

マーケ部長：任せてください、これだけ分母があれば良いスコアリングができますから

事業部長　：440億円、何とかなりそうだな……

　企業のマーケティング偏差値が高く、マーケティングと営業が売上をつくる仕組みとして連携していれば、予算会議はここまで洗練されたものになります。

マーケティング部門はいまだ頼りにならない存在

　日本企業の多くは、マーケティング活動の売上貢献を実数（案件数や受注金額）で把握できていません。MAとSFAが導入されていてもつながっていなかったり、全社のデータが統合管理されていなかったりして、部署や役職でカバー率（カバレッジ）を計算できない企業が大半なのです。数字を背負った営業や事業部から見れば、マーケティング部門はいまだ頼りにならない存在です。マーケティングと営業は、前工程と後工程の関係です。後工程の営業から信頼されないマーケティング部門は、その存在価値を疑われても仕方がありません。

　良質の商談を営業や販売代理店に安定供給する「デマンドセンター」を構築し、そこに全社の顧客・見込み客データが収集され、適切なデータマネジメントやコミュニケーションが行われていれば、MAへのアクセス権を持つマーケティング担当者を交えた会議はこの例のように生産性の高いものになります。そのような会議を重ねれば重ねるほど、企業のマーケティング偏差値は向上していくのです。

　大量のデータを良い状態で保有していることは、とてつもないアドバンテージなのです。

1-3 どこにでもある「俺の客問題」

　この20年で、次のような会話を何度したか、もはや数える気にもなりません。

「上からの指示でSFAの顧客データをMAに入れるけど、DTのフラグを立てている顧客にはメールを配信しないでください」
「DTって何ですか?」
「Don't Touchです」
「データを見ると、ほとんどの人がDTですが……」
「私はアカウントセールスですから」
「はぁ……」

「俺のお客様なんだから勝手にメール送るのはやめてくれますかね」
　これは昔から「俺の客問題」と呼んでいます。次のような発言もよく聞きます。

「俺のお客様なんだから勝手にメール送るのはやめてくれますかね」
「誰がメルマガ送っていいなんて言ったんだ、すぐやめてください、お客様はカンカンですよ」

　もちろん、「俺の客」ではなく「企業の顧客」です。そもそも、取引先からまともなメールマガジンが送られてきたくらいで解約するほど激怒する人を、私は知りません。このような発言をする人は、たいてい大口の顧客を担当しているアカウントセールスで、そのくらい顧客に気を遣っているということなのです。

　また、日本の製造業は販売を代理店に依存しているところが多く、その場合、代理店に気を遣っているケースがよく見られます。

「気を付けてくださいね、あの会社はもう50年も前から代理店なので、向こうの幹部から見ればウチの部長も新入社員の頃から面倒を見ている"若手"なんですよ」

　いかにも義理人情に厚い日本らしい話で、この代理店の顧客は腫れ物に触るようにされ、マーケティングが手を出せない存在になります。

　では、こうしたアカウントセールスや販売代理店は、本当に顧客を競合企業から守っているのでしょうか。恐らく、既存製品では競合企業からの攻勢を排除しているかもしれません。しかし、その顧客がまったく購入していない商材や、ほとんど取引のない事業部や部門もあります。その場合、他の商材を担当している同じ会社の営業は、この顧客に売りに行けません。アカウントセールスの治外法権だからです。

日本企業は営業の政治力が強い。そこから問題が生じる

　日本企業では、営業部門が大きな社内政治力を持っていることが多いです。良い悪いではなく、そういう特徴なのです。営業は顧客との商談において、製品のカスタマイズや値引きで大きな権限が付与されているので、顧客グリップが強くなります。半面、先に示したような「俺の客」問題を引き起こしてしまうのです。結果として、SFAやCRMなどの導入失敗事例を量産し、MAが売上に貢献できない要因になってしまうのです。

　では、マーケティング先進国である米国はどうかと言えば、給与は高いものの政治力はありません。多くの企業で、営業はフルコミッションのレップといわれる雇用形態です。基本給はゼロですが、その分、インセンティブが大きいのです。大規模な業務システムや工作機械の営業の人から、「昨年は

成績が良くて収入も多かったので郊外に家を買ったよ、キャッシュでね」などと言われて驚いたことがあります。マンハッタンに電車通勤できる郊外に家を購入すれば、最低でも6,000万円はした時代です。営業は「雇い兵」のような存在で、ルールを決めれば守ってくれます。日本の営業はルールを決めると、文句を言うか、言わずに守らないかのどちらかです。

　この日米の違いは、経営者のガバナンス（企業統治）に起因していると思います。アカウントセールスの活動を尊重するのと、経営者が決めたルールを無視するのは次元の違う話です。日本ではガバナンスが効いていないのです。

デマンドセンターを構築したある企業
　私の経験をお話しします。ある企業からデマンドセンターの構築の依頼を受けました。その企業は、外資系企業からMBAを持つ人をCMOに雇い入れ、100％子会社の販売代理店を巻き込むことにも成功し、5万人を超えるプロジェクトをスタートしました。当初は、データマネジメントとコンテンツ制作がパラレルで動くなど、順調に進んだのです。

　広報がしっかりしていたおかげで顧客やプレスリリース用にコンテンツを制作、保管していましたから、それを素材にすることができました。また、営業と同行する機会が多い製品企画部のヒアリングもできて、ケーススタディのコンテンツも順調に仕上がっていきました。同時に、インサイドセールスのスクリプトも古参の営業に協力してもらい、彼らが納得のいくレベルまで仕上がっていました。データの整理やコンテンツ制作も順調にオンスケジュールで進んだのです。

　3回目のメールマガジンの配信後、スコアリングデータから絞り込んでコール対象リストを抽出し、インサイドセールスがコールを開始しました。本人と話ができる到達率、その人からアポイントが獲得できる到達アポイント率をベンチマークしたところ、予測以上の数値が出ていました。

　しかし、そこで止まってしまったのです。そのプロジェクトでは、インサイドセールスまではマーケティングの指揮下で、取れたアポイントはSFAにマーケティングをオーナーとして登録します。営業が訪問して「案件」と判断したら、オーナーを営業に変更することになっており、これを「アクセプト」と定義していました。その「アクセプト」が出ないか、出てもそこから案件が進まないのです。

プロパーの営業部長は最初からネガティブオーラ全開

　私は「パイプライン（アポイントから案件にするプロセス）がうまく機能していない」と考え、執行役員だったCMOに各事業部の営業部長を集めてもらいました。マーケティング部門はSFAへのアクセス権を持っていないので、パイプラインの状況が分からなかったのです。

　その会議では、プロパーの営業部長たちが最初からネガティブなオーラを全開に放っていました。日本企業が外部から幹部を採用すると、よく起こることです。

「ホットだと言われて訪問したら、冷たくあしらわれたってウチの営業が言ってたよ」
「あのメルマガの事例、あそこまで書かれるとセールストークのネタが無くなっちゃうよね」
「あの配信リストって誰がチェックしているの？　顧客の役員にも行ってるらしくて営業がヒヤヒヤしてるぞ」
「事例コンテンツは良いけど、社名も製品名も出さなくて説得力あるの？」

　これらは、プロジェクトの開始時点ですべて説明していたことですが、改めてそれぞれの理由を説明しました。その上で、「アポイントまでは想定を超える成果が出ているがその先で止まってしまっています。その理由を知りたいのでSFAへのアクセス権をもらって分析させてもらいたい」と申し出ました。

「今度は預金通帳を見せろと言ってる。冗談じゃないよ」

　すると、その場が凍り付いたことが分かりました。誰も何も言いません。長い沈黙の後で古参の営業部長が口を開きました。

「あのさ、この半年、あなたたちのやってきたことはね、他人の家に土足で上がり込んで片っ端からタンスを開けて中の洋服を品定めしているようなもんなんだよ。その上、今度は預金通帳を見せろと言ってる。冗談じゃないよ」

　うまいことをおっしゃる人だなぁ、と感心して聞いていました。他の部長は「我が意を得たり」という顔をしています。「あなたたち」と名指しされたのは、私とCMOです。CMOは何も言わず、翌月、退職しました。

「マーケティングの強化」が骨抜き

　後任には、営業部長を経験した温和で定年間近の人が就任しました。新CMOはプロジェクトメンバーを集め、「前任者は成果を出そうと焦り過ぎたのでペースを落とす」という方針を打ち出しました。その後、メルマガは出すが内容は営業の意見を入れてもっと丸くする、スコアやコールはしない、営業部門がマーケティング活動に慣れるまではそれで行く、と決定事項を伝えられました。これは、マーケティングではなく広報活動です。私は新CMOから今までの感謝を伝えられた後で、こう言われました。

「パイプラインの中には触れないようにしてください、ウチは営業部長が裁量権を持って独自のルールややり方でプロセスを管理しています。みんな他の営業部長にも案件を見せないんですよ、ある意味ライバルですからね。いや、それが時代遅れなのは分かっていますよ、でも急には変えられない。だから『SFAの中を見せろ』なんて二度と言わないでください」

　私はこのプロジェクトを降りました。

「俺の客問題」も「他人の通帳」もそれが発症する体質は同じです。経営層が営業部門を統治できていない、つまりガバナンスが弱いのです。その結果、中期経営計画に明記してある「マーケティングの強化」が骨抜きになってしまうのです。パイプラインを営業部門の治外法権にしてしまえば、ボトルネックが見えず有効な手を打つことはできません。

この問題で悩んでいるマーケティング部門は驚くほど多いのですが、これはマーケティング部門の責任で解決すべき問題ではありません。経営層の仕事であり、経営層にしか解決できない問題です。

企業内で新しいことを始めたり、現状を改革したりするには勇気が必要ですが、経営層が「マーケティングを強化してセールスと連携させる」と意思決定したならば、それを最優先課題と位置づけて企業内に浸透させない限り、こうした喜劇にも似た状況は延々と続くことになるでしょう。

1-4 | BtoBマーケティングの二極化とサブスクモデル

最近、「日本のBtoBマーケティングが急速に進化を遂げている」という話を聞くようになりました。中には「既に世界に追い付いたのではないか」という元気の良い話まであるようです。もしそうなら素晴らしいのですが、実情はそうでもありません。では、なぜそんな話が出るのでしょうか？

実はBtoBマーケティングが二極化したのです。1つは中堅企業や大企業が取り組む従来通りのBtoBマーケティングであり、もう1つがサブスクリプション（以下「サブスク」）モデルと呼ばれる、主に業務アプリケーションをクラウド型で提供するスタートアップ企業のマーケティングです。大きく飛躍したのは、後者のサブスクモデルのマーケティングです。

Sansanの成功

Sansanをご存じの方は多いと思います。名刺管理サービスをクラウドモデルで提供する企業で、「それ早く言ってよ〜」という人気CMで一気に知名度を上げ、2019年6月に上場を果たしました。このSansanの上場は、それまでの日本企業のIPO（株式上場）の常識をいくつも塗り替えるほどのインパクトがありました。

彼らは収益モデルがサブスク型というだけではなく、年間で200万円以下という比較的低価格帯ビジネスのBtoBマーケティングで新しい手法を確立したと言ってよいでしょう。

テレビ広告やタクシー広告などを大量に出稿して短期間で認知度を上げ、それを背景にWebへのオーガニックを劇的に増やし、資料請求や動画閲覧

などで登録ユーザー数を稼いで、それをインサイドセールスにリレーし、非対面で契約を獲得するという手法です。従来の「前さばきはデジタルで、あるタイミングからは直販や代理店の営業が対面でクロージングを行う」モデルとはまったく異なる手法を確立したのです。さらにこの手法はマスメディアを使うことでターゲット以外の多くの人に企業ブランドを浸透させることができ、結果としてIPO時の高いバリュエーションとそれによる調達を可能にしました。

Sansanがこのビジネスモデルで大成功したことで、多くの企業が同様の手法を採用するようになりました。例えば、都内でタクシーに乗ると後部座席では動画CMが流れています。以前はダイエットや美容整形、消費者金融などが大半でしたが、今では人事や採用、マーケティングなど、BtoB企業向けの業務アプリケーションのCMに変わっています。

「急速に進化を遂げている」「既に世界に追い付いたのではないか」というのは、恐らくこのサブスクモデルのマーケティングを指しています。

「世界的な金余り」を背景にしている

確かにこれは調達からIPOでの株価算定までを一気通貫で考えた戦略的な手法で、サブスク型ビジネスモデルのスタートアップ企業が使う新たな戦闘教義と呼べるものです。表面的に見えているのは面白い動画広告ですが、実は資本政策からサービス企画、マーケティング、インサイドセールス、ユーザー登録、ユーザー数の増加率に重きを置いた株価算定という異なるバリューチェーンを複雑に絡み合わせた経営手法なのです。

この画期的な手法に懸念点があるとすれば、それは「世界的な金余り」を背景にしていることかもしれません。米国の好景気に引きずられて日本の証券市場の株価も高水準で推移してきました。2020年11月に予定されている米国大統領選挙の影響で、世界中の中央銀行が超低金利政策を続けています

から、米国でも日本でも巨額のお金が投資先を求めて株式市場やベンチャー投資市場に流れ込んできているのです。

しかし、2020年初から始まった新型コロナの影響はすべてを変えてしまう可能性があります。余っていたお金はもうどこにもありません。2020年3月16日の米国株式市場の暴落は、たった一晩で約300兆円が溶けた計算です。日本の株価もいつ暴落するか分からず、隣の韓国も株価とウォンのダブル安で苦しんでいます。

広告は制作も出稿もお金がかかります。日常的にテレビで見ているCMは制作費に数億円をかけているものもあり、数千万円で制作したCMは直感的に安普請と分かってしまいます。そこでタクシーでしか流さない広告でも、一流の制作会社がメジャーな俳優を出演させて制作しています。少なくとも数億円の予算を投じなければできない手法と言えるでしょう。

もう一方のBtoBマーケティングには応用できない
この手法は、旧来のエンタープライズ型のBtoBマーケティングにはあまり応用できません。SFA、MA、タレントマネジメント、広告配信などの新しい商材や分野では使えても、工作機械、モーター、半導体、樹脂、設備投資のリースやファイナンス、BtoB向けの物流システムやアッセンブリーを付加した倉庫サービスなどは商談単価が高く、顧客ごとのカスタマイズも必要になるので、やはり経験豊かな人材が必要です。

つまり、サブスク型マーケティングの出現によってBtoBマーケティングが二極化しつつあるといえるでしょう。

1-5 | 10年の振り返り、ROIではむしろ悪化

　10年前に比べると、日本のBtoB企業はマーケティングに取り組み、投資の規模や組織、人材のレベルなどが上がっているのは間違いありません。では、世界に追い付いたかと言えばそうとは言えず、ROIで見ればむしろ悪化していると考えています。

企業のマーケティングの現状を診断するサービス

　当社では、顧客企業のマーケティングの現状を診断するサービスを提供しています。病院で行う検査（血液や尿、レントゲン、CTスキャンなど）のように、マーケティングのプロセスごとに診断し、それぞれの項目を6段階で評価してレーダーチャートを作ります。さらに専門医の問診のように私自身がヒアリングし、脈診や聴診器による診断のように企業のマーケティングに関する状態や症状を見て、レポートを書きます。病名や症状だけでなく、その患者の体質や既往症、基礎体力などを把握しなければ治療方針を立てることができないのも医療と似ています。

　昔はほとんどの項目が「0」か「1」で、レーダーチャートの真ん中に小さな星がちょこんと描かれる企業が多かったのです。もちろんこれは伸びしろが大きいことを意味しますから、短期間に0を3か4にすることは可能で、それに向けてのチャレンジプランを作成し実施してきました。マーケティングに関して何もしていなかったということは、ROIでは悪い結果にはなりません。リターンも無い代わりに投資もまったくしていないからです。

大きな投資（インベストメント）に対してリターンが無い状態

　しかし、この10年で状況は変わりました。日本企業はマーケティングに関

わることをいろいろと虫食いでやり散らかして、たっぷり投資をしている
ケースが増えたのです。しかもマーケティング戦略も、それと整合の取れた
戦術も、実行する組織やナレッジも持たずに場当たり的に、時に例年通りの
慣習に流されて、成果がほとんど出ていないまま次々と投資を重ねてしまい
ました。

　SFAを導入し、Webを何度もリニューアルし、Webの後ろにCMS（コン
テンツ・マネジメント・システム）を実装し、BIツールと契約し、フォーム
をリニューアルし、ネット広告にトライし、MAを導入し、メールマガジン
を配信し、SNSで拡散し、インサイド・セールス・チームをつくりました。
そのどれもが部分最適でつながっていませんから成果が出るはずもありませ
ん。大きな投資（インベストメント）に対してリターンが無い状態なのです。

　もし今、ROIで企業のマーケティングを診断してレポートを書くなら、と
ても気が重い作業になるでしょう。現に、外資系企業を診断してレポートを
提出したところ、11人いたマーケティング部門が翌月には1人になったこと
がありました。

　こういう企業では、その時々の経営者や事業責任者のアイデアで、次々に
マーケティングに関する何かを導入し、それを運用するための適正な人員や
年間予算がどれくらい必要かも分からないまま、目標も評価指標もなく繰り
返すことで疲弊感だけを生んでいます。

　BtoBのマーケティングは全体最適で設計しない限り、成果が出ることは
ないのです。

第**2**章

日本企業の実情

この10年で、多くの企業がマーケティングに人材を割り当て、予算と時間を投資してきました。投資対象は展示会やセミナー、SFAやMAなどのシステム、そしてインサイドセールスなどの組織です。それぞれ真面目に取り組んでいますが、「売上貢献」という成果は証明されていません。上層部は疑問を抱き、現場は疲弊し、周辺組織はいら立っています。なぜ成果を出すことができないのでしょうか。

　繰り返し書いていますが、それは「部分最適」だからです。

　それぞれが頑張っていますが、それは閉じた世界での頑張りです。全体最適を考えた連携の中での頑張りではありません。その原因は「マーケティング偏差値」です。マーケティングが企業の共通言語になっていないので、マーケティング部門が社内で孤立し、浮き上がった存在になっています。後工程の営業部門からはうさん臭いと思われ、広報や法務からは危なっかしいと思われています。これでは、つながるはずがありません。

　残念ながら、「頑張っているつもり、やっているつもり」としか言えないのです。

　どこまでやればやったことになるのかも分からず、疲弊して絶望しています。まるで地図も羅針盤も持たずに砂漠をさまよっている人のようです。

　第2章では個々のマーケティング施策にフォーカスし、現状と成果を出せないメカニズム、そして改善のヒントを解説していきます。

2-1 「展示会」は頑張っているつもり

　日本のBtoB企業は、昔から展示会への出展に多額の予算を割いてきました。年間のマーケティング予算の中で、最も多くの支出は展示会関連という会社は少なくないでしょう。実際、製造業やIT産業などを対象にしたBtoB企業向け展示会は、毎月どこかで開催されています。マーケティング担当者にとっては一大イベントなので、出展する展示会の選定や主催者との交渉だけでなく、会期中は足を棒にして頑張っています。

広報主幹の場合、競合に負けじとブースにお金をかける

　ですが、残念ながら十分に活用できていない企業が多いのも事実です。その原因は「展示会の出展目的が曖昧」だからです。一般的な展示会出展目的には以下のようなものがありますが、こうした目的を複数追って迷走している企業が多いのです。

・業界内で存在感を示す
・製品を展示する
・商談をつくる
・ブース内セミナーでデモを見せる
・アンケートを収集する
・名刺などの個人情報を収集する

　その昔、展示会に出展する企業の目的は「元気であることの証明」でした。証明する相手は業界の同業者であり、販売チャネルであり、既存顧客です。元気であることの証明が目的なので、大きなブースにたっぷりお金をかけた立派な装飾をしていたのです。競合に負けるわけにはいかないので、ブース

の施工にお金をかけました。今でも広報部門が主管する展示会はこの傾向が見られます。

展示会の目的は「リードジェネレーション」

　しかし、マーケティングの全体設計に基づくと、展示会の目的は「ターゲット企業に所属する個人の情報を収集すること」にフォーカスすべきです。これをBtoBマーケティングでは「リードジェネレーション」と呼びます。展示会出展でリードジェネレーション以外の目的を持たせると、お金ばかりかかり、おかしな評価をしてしまいます。

　例えば、「リード情報は収集できなかったけど、製品をたくさんの人に見てもらうことができた」と評価したとしたら、それは手段が間違っていることに気付くべきです。多くの人に見せたいなら、展示会よりWebの方が効果的です。展示会の総来場者、数万人のうちの数千人がブースの前を通り、その中の数百人がブースに立ち寄り、数十人がパンフレットを持ち帰った、というレベルであれば、動画を作成してYouTubeに置いておけばあっと言う間にそれ以上の人が見てくれます。

　「リード情報は収集できなかったけど、出展したことで業界の製品や価格帯などの動向を知ることができた」と評価したとしたら、お金の使い方を間違えています。それらは、気の利いたエンジニアと営業を展示会に行かせれば簡単に収集できる情報です。予算と時間と人を投資して展示会に出展する必要はありません。

　「業界の一員として同業者に存在を示すことができた」と評価するなら、それはマーケティング予算ではなく接待交際費で出展すべきです。なぜなら、マーケティングの全体設計のどこにも同業者からの認知度向上は無いはずです。

　このように、リードジェネレーション以外を目的にするとおかしな評価となり、出展すべき展示会を正しく選定することもできません。

　「なぜこの展示会に毎年出展しているのですか？」という質問への正しい答えは、

「この○○という商材のターゲットデータを○○○件収集するため」

だけです。これが全体最適でマーケティングを考えたときの唯一の許容される回答です。

ブースの豪華さと収集データに相関はない

　展示会出展の目的を明確に設定し、目的を達成するための選定、準備、検証をしていないなら、多くのコストと長い時間を費やしてきた展示会は「やっているつもり」かもしれません。

　では、目的を「ターゲット企業に所属する個人の情報を収集すること」と設定し、収集したい個人情報の目標数を決めたとして、それを実現するためには何をすべきで、何をすべきではないのでしょうか？

　「すべきではない」ことから説明すると、名刺やバーコードデータを収集すること以外にお金や手間をかけるべきではありません。私の経験では、ブースのサイズや装飾の豪華さと収集データの数はほとんど相関がありません。重いノベルティや大きなパンフレットは嫌われ、きれいなコンパニオンは動きが悪いものです。特にアンケートはデータ収集の邪魔になるので気を付けるべきです。展示会に来場する人は基本的にアンケートが嫌いです。アンケートを見ただけで、人が逃げていくはずです。1枚のアンケートをとる代わりに30枚の名刺を収集できれば、後工程から見てもはるかに価値があります。

「すべきこと」は、まず前年の総来場者数と想定される小間位置から何人のターゲットリストが収集できるかを予想し、収集予想数をコストで割って算出する集客指標（CPL）でシミュレーションすることです。それが無ければ比較できませんから投資判断ができないのです。もちろん出展した後は実際に収集したデータを企業や部門、そして役職などで再度評価しなければなりません。

　目的と目標数が決まれば、後はそれに最適化して設計するだけです。小間位置やブースデザイン、展示物、パネル、コンパニオンの選定、ノベルティの選定と用意する数、当日のオペレーションと目標収集数に対する時間単位の目標設定などです。

　もちろん展示会後の評価指標で重視すべきなのは純増分でのCPLです。1,000万円のコストで出展して1,000人のリード情報を収集すれば、CPLは1万円となります。このデータから競合や自社の関連会社などの営業対象外を引いた残りが750人であれば、CPLは13,300円となります。その750人をMAにインポートしたところ250人は既に保有していて重複していたとすれば、純増は500人となりCPLは20,000円となります。

　これは、個人情報のCPLで評価している例ですが、同じことを企業単位でもできます。ABMを行う場合は、ターゲット企業の事業所の多くのターゲットデータが必要になります。

　これが全体最適で設計されたマーケティングの中で展示会が果たすべき役割と効果測定指標です。

2-2 | 「MA」を活用できているつもり

　2014年、世界で普及しているMAが日本市場でリリースされました。OracleのEloqua、Marketo社のMarketo、IBMのSilverpop、Adobeが買収したNeolaneなどです。その後を追うように、HubSpot、Salesforce.comのPardotなどもリリースされました。これに刺激を受けた国内企業も次々にMA製品を開発して日本市場にリリースした結果、今では外資系、国産を合わせて20近いブランドのMAが日本市場でシェアを競っています。

　2020年現在、各ベンダーの導入数を合計すると6,000社を超えるといわれています。もちろん解約もあれば他システムへのスイッチもあり、逆に事業部単位での導入もありますから、それらを差し引きすると、現在日本で約4,000〜5,000社がMAを契約している計算になります。BtoB企業のMA導入率は相当高いといってよいでしょう。

MA導入の90%以上は失敗か、その予備軍
　導入率が高いからといって、喜んではいられません。厳しい見方をすれば、導入企業の90%以上は失敗か、その予備軍だと私は見ています。

　一昔前のシステム開発のように、成功の定義を「カットオーバー」とするならば、ほとんどのMA導入プロジェクトは成功しています。今のMAのほとんどはクラウドサービスで提供されていますから、そもそも「動かない」はありません。カスタマイズ範囲も限定されるので、インプリメンテーションと呼ばれる導入作業も数日で済み、設定などは数時間でできる作業です。プロが行えば失敗のしようがないレベルなのです。

MAを導入する際の稟議<ruby>稟議<rt>りんぎ</rt></ruby>の段階では、システム稼働は当然で、目的は「売上貢献」となっていたはずです。これをMA成功の定義にすると、果たしてどれくらいの数の企業が胸を張れるでしょうか。「売上貢献」を成功とすれば、以下の状況はすべて導入失敗か失敗予備軍です。

・まだ全社データの一部しか取り込めていない
・中のデータはいまだに競合と既存顧客などを整理できていない
・企業名も個人名も名寄せが不完全である
・企業の属性情報でスコアリングできない
・メルマガ配信にだけ使っている
・スコアリング機能をほとんど使っていない
・セミナー集客のメール配信と登録フォームとして使っている

　データをためてメールを配信するだけなら、MAは必要ありません。メール配信ならもっと簡単で安くて高機能なものがいくらでもあります。

MAはデマンドセンターのプラットフォームにしか向かない

　MAは、デマンドセンターのプラットフォームとして2000年に登場した業務アプリケーションです。1990年代の後半に米国で起こったデマンドジェネレーションの新潮流と、それを取り入れた企業の目を見張るような進化を見ていたトロントの2人の若者が開発し2000年にリリースしたEloquaが世界最初のMAです。Eloquaの成功を見て、Marketo、Silverpop、HubSpot、Pardotなどが続々と製品をリリースし、MAというカテゴリーが形成されました。

　こうした背景から見ても、MAはデマンドセンターのプラットフォームであり、それ以外にはあまり向いていません。営業や販売代理店、海外の現地法人に良質な商談（案件）を安定供給すること以外は不得意なのです。

　実は導入企業の中にはMAをいじって満足しているケースも少なくありません。メールを配信すれば、開封率、クリック率、Web内での振る舞いまで、個人を特定して分かります。コンテンツを変え、ABテストを実施し、その違いを分析し、スコアリングのアルゴリズムを変えるなどやっていると、それだけでマーケティングをやっているような気分になるものです。それが部分最適の罠なのです。この状態は、MAを活用しているつもりの域を出ているとは言えないでしょう。

10%がマーケティング由来になれば「MA成功」といえる

　MAでハイスコアになったリードは、後工程の営業部門にリレーして効果を検証しなければならないのです。

　MAをプラットフォームとしたデマンドセンター（マーケティング部門）を前工程、SFAをプラットフォームとした営業部門を後工程として連携できているなら、セールスパイプラインの中の何%、何社何件がデマンドセンター由来のSALなのかを把握できるはずです。

　私はまず「パイプラインの10%をマーケティング由来の案件にすることを目指しましょう」と言っています。少ないと思われるかもしれませんが、売上1,000億円の企業なら10%は100億円で、SALからの受注決定率を25%としても400億円分の商談をつくらなくてはなりません。マーケティングに取り組んだ企業が1年や2年で達成できる目標ではありません。

　10%をマーケティング由来にし、具体的な案件数を実数で把握できれば、「MAの導入は成功」といえるでしょう。

2-3 | 「SFA」を使っているつもり

　SFAの話をする前に少しだけややこしい話をします。実はSFAの黎明期、CRMとSFAは別のカテゴリーでした。

ドットコムバブルがはじけたことでCRMとSFAが融合

　CRMの「カスタマーリレーションシップ」とは、平たく言えば購買履歴です。顧客の購買履歴を管理して適切なタイミングでインセンティブを与え、提案や訪問することで顧客のLTV（Life Time Value）を最大化することが目的とされました。アメリカン航空から世界のエアラインに広がったマイレージプログラムがBtoCでの成功事例であり、Dellのダイレクト販売がBtoBでの成功事例として最も有名でしょう。主なCRMブランドは、BroadVision、Epiphany、Broadbaseなどでした。

　これに対してSFAは、営業の案件をパイプラインでマネジメントし、受注プロセスを可視化して管理精度を上げることを目的にしていました。Siebel、Vantiv、Pivotal、Sugarなどがこのカテゴリーの第2世代の主な製品で、今私たちが目にするSalesforce、Dynamics CRMなどは第3世代に当たります。

　この第3世代が出てくるタイミングで、米国の証券市場ではドットコムバブルがはじけて多くの企業が苦境に立たされました。その結果、M＆Aやモジュールの切り売りが起こり、CRMとSFAは接近し、やがて融合してしまったのです。これが2000年から2010年の間に起きたことです。

日本のSFA導入は早かったが、営業日報のデジタル化止まり

　ここからが本題のSFAの話です。日本には以前から営業日報という慣習

がありました。もちろん紙の日報で、営業は訪問や商談の記録をこの日報に残し、上司がそれをチェックして適宜アドバイスしていました。日報を出すことが一日の仕事の終わりを意味していたのです。SFAはこの営業日報をデジタル化するために必要な機能をすべて実装していました。日本でSFAの普及が早かった理由はこれなのです。しかし皮肉なことにこれが後に活用の足かせになります。

　営業日報は「人の行動」を管理します。SFAは「案件のパイプラインマネジメント」に使います。ここが似て非なるところなのです。

　SFAを「営業日報の電子化」として人の管理に活用しているなら、「パイプラインマネジメント」はやっているつもりの域を出ません。

　案件をパイプラインでマネジメントし、IRでの売上予測や、原材料の調達、人の手配、生産ラインの組み替えなどに役立てるにはパイプラインの中のステータス管理が定義に沿っていることが絶対条件です。

　その会社のSFAがきちんと運用されているかどうかは営業部門の人と3分も話せば分かります。例えば納品をS-0、受注をS-1、口頭内示をS-2、初訪での商談をS-7として0から7までの8段階でステータス管理しているとします。そうした企業の営業部門の人に「S-6とS-5の定義をそれぞれ教えてください」と質問します。

　この時、すぐに答えられないなら、その時点で運用には乗っていないと考えてよいでしょう。よくある答えは、次のような感じで紛糾します。

「価格表の提示です」
「いやサンプルの提出だろ」
「それはS-4ですよ」

「価格表ならカタログにあるので初訪で渡していますよ」
「それじゃなくて詳細なやつ」
「見積もり提出はS-3ですよ」
「えっ S-4じゃないの？」
「私もS-4だと思っていたけど……」

　営業日報であればこれで何も問題はないのです。上長と営業の交換日記のようなものですから、記述内容を標準化する必要はないし、それをアジャストすることも含めてマネジャーの仕事です。しかし、これが案件管理なら大問題です。

　日本のSFAは、初期導入から20年近くたちますが、いまだにこの営業日報と案件管理の狭間でさまよっています。

　会社としてステータスの定義をそろえ、それぞれのステータスから受注確率、次の四半期の受注、来期の売上予測ができるまでに運用精度を向上させなければなりません。

2-4 | 「Web」進化の方向性

　日本のBtoB企業は、この10年間でWeb（企業のサイト）に多くの投資を
してきました。

コーポレートサイトとして進化したWeb

　制作会社やコンサルティング会社の選定、コンセプトワークや情報整理な
どに取り組み、従来とは比べものにならないほど洗練され、情報の階層整理
が成されたWebになっています。その多くは広報部門が主導した「コーポ
レートサイト」としての性格を持っています。私が見た中でも、電子デバイ
ス、産業用ロボット、機能性素材、測定器、プラントなどのWebは、デザイ
ンのクオリティーもナビゲーションも見事に進化を遂げていました。

　Webサイトリニューアルの効果はWebアナリティクスツールや専門家に
よって以下のような項目で成果があったとレポートされます。

・検索順位が上がった
・オーガニック流入が増えた
・ページビューが増えた
・資料請求の数が増えた
・離脱率が下がった
・アワードを受賞して担当者のインタビューがマーケティング情報誌に掲載
　された

Webの売上貢献は誰にも分からない

　ところが、このWebがどのくらい売上に貢献したかは誰も分かりません。

類推の数字を出すことすらできないことが多いのです。

　日本の大手企業が初めて「ホームページ」と呼ばれるコーポレートサイトを持ったのは1990年代でした。それから複数回の全面リニューアルを経験し、社内にもノウハウがたまっています。企業がWebに求める要件も、初期の会社案内のデジタル版から、企業ブランドの浸透、求人貢献などより具体的になりました。

　この5年で言えば、Webリニューアルの要件定義に「マーケティング」や「売上貢献」が入らないケースはほとんど見かけません。

　しかし、コーポレートサイトとして大事なWeb訪問者のユーザビリティを上げることと、Webを売上に貢献させることは、異なるノウハウと設計が求められるのです。これは、SEOとかSEMと言われているものとも違います。これらは検索エンジンのアルゴリズムに対して最適化し、常に検索の上位にいることを狙うノウハウで、基本的にはきれいに分かりやすく作るのと同じノウハウです。

コーポレートサイトは心地よく、マーケティングサイトは狩り場

　公園や庭園を設計する造園に例えて説明しましょう。人が歩いて気持ちが良い林をつくることと、シカやイノシシ、タヌキなどを捕るための雑木林をつくるのは設計がまったく異なるのです。前者はコーポレートサイト、後者はマーケティングサイトの例えです。

　人が歩いて気持ちが良い林は明るくて見通しが良く、樹木の間隔も広い林です。一方、動物が好む林は見通しが悪く、所々に身を隠す藪や岩陰が必要です。植える木々の種類も、人を楽しませるなら新緑がきれい、紅葉が美しい、花が咲く、香りが良いなどが基準になりますが、動物を捕るなら、捕りたい動物が好むドングリなどを落とす植物を植える必要があります。そうやって

動物が好み、安心してきてくれる林をつくった上で、そこに上手に罠を仕掛けるのです。

　中堅以上の企業のコーポレートサイトは、言ってみれば公園です。バックボーンが違うたくさんの人たちが異なる目的で来訪します。就活中の学生、中途採用の情報を見に来た転職希望者、顧客に株を勧めようと考えている証券会社の営業、株を勧められた個人投資家、新製品のプレスリリースに反応して詳細情報を見に来た競合企業の技術者や営業、従業員の家族など、多くの人がそれぞれ異なる目的でやって来て、その目的に応じた振る舞いをします。その多くはマーケティング的に見れば解析する意味の無い人たちですが、皆それぞれ気持ちよく回遊して良い印象を持ってほしいのです。

　それに対して、マーケティング用のサイトは「狩り場」です。そこには、採用やIRや広報的な情報を置く必要はありません。なぜなら、就活生や転職希望者、証券会社の人はやって来ないからです。必要ならコーポレートサイトのリンクを張ればよいのです。ここに置く情報は、「製品・サービスはどういう企業のどんな課題をどうやって解決したのか」です。それも、BtoB独特のプロの世界であることが重要で、分かりやすくする必要はありません。素人が紛れ込んで「分かりにくいサイトだなぁ」と思われても何も困らないのです。

　このサイトに来訪した人の行動解析はとても重要です。どの企業のどの部署のどの肩書きの人はどの情報を深堀りし、どの情報は無視し、どの動画を見て、どのホワイトペーパーをダウンロードして、どのセミナー情報を閲覧したかという情報を解析することにより絞り込みができます。

コーポレートサイトとマーケティングサイトの両方を持つ

　公園であるコーポレートサイトが行うべきなのはSEOです。現代ではそれはほぼGoogleを指すのですが、この検索アルゴリズムに最適化して多くの

人に来訪してもらうことを目指します。

　これに対して狩り場であるマーケティングサイトは、不特定多数の人には
むしろ来てほしくなく、競合や営業対象外も可能な限り排除したいのです。
ですから、最適化するのはサーチエンジンではなくMAに格納されている
リードデータです。LDO（Lead Data Optimization）と呼ぶコンテンツマネ
ジメントが有効なのです。

　訪れた人が喜ぶ公園の林と、狩り場となる雑木林の設計がまったく違うこ
とがご理解いただけたでしょうか。

　みなさんの会社のWebが「人が気持ちよく歩ける明るい林」であるなら、
どんなに評判が良く、求人やIRでは役に立ったとしても、マーケティング的
には意味の無いサイトです。

　中堅規模以上の企業であれば、目的の異なる両方のサイトを持ち、それぞ
れの運用ノウハウをためるべきでしょう。

2-5 | 「メルマガ」はちゃんと出しているつもり

　次はメルマガ（メールマガジン）です。私は、ナーチャリングの初期に使うことを推奨しています。その理由は「同期性」の低さにあります。同期性とは、相手の時間を拘束する指標であり、同期性が高いとクレーム率が高くなります。それは、現代のビジネスパーソンにとって最も重要なリソースは、「お金」ではなく「時間」だからです。

最も礼儀正しいチャネルは紙のDM、次がメルマガ

　BtoBの場合、何かを購入するときにポケットマネーを使う人はいません。会社のお金で購入し、会社の名義でリースを組みます。ですが、時間は個人に帰属します。しかも現代は働き方改革で残業や休日出勤がいくらでもできた時代とは違います。飛び込み営業ができなくなった最も大きな理由はセキュリティーですが、たとえセキュリティーを突破できたとしても、キーパーソンに会うことはできないでしょう。それは、時間の価値が昔とは違うからです。

　BtoBのマーケティング＆セールス活動の中で、最も同期性が高いチャネルが「対面」で、「電話」「Fax」と続きます。電話は2人の人が同時に電話を持たなければ成立しませんので、相手の時間を消費してしまいます。「電話でナーチャリングをすべきではない」理由はこれです。Faxも送る相手が受信機の近くにいなければ成立せず、また、わずかではあっても電気と紙で相手の企業にコスト負担を掛けるチャネルなのです。

　最も同期性が低い、つまりクレームにならないのが紙のDMで、これが最も礼儀正しいチャネルといわれるゆえんです。ただ、時間と予算がかかり過

ぎる上に、開封率などのデータがまったく取れないという欠点があります。

　同期性の低さで言えば、紙のDMの次が電子メールです。電子メールはインターネット空間にある相手のメールボックスにメールを放り込む行為です。相手は自分の都合のよい時間にそれを読むことができ、またサブジェクトや送信先を見て読まずに放置することも捨てることもできます。しつこいメールはフィルタリングもできるし、受信拒否も可能なのですから、よほど大量にしつこく送らない限りクレームになることは少ないです。そうした理由で、ナーチャリングの初期に使うことを推奨しています。

ナーチャリングにならないならノイズ
　「メルマガを配信してますが、手間がすごく掛かる割に成果が出ません」という話を聞くことがあります。そこでどんなコンテンツなのかを拝見すると、多くの場合、次のような内容です。

・製品情報
・バージョンアップ、機能追加情報
・製品キャンペーン情報
・展示会出展情報
・セミナー案内

　これでは、成果が出るはずがありません。なぜなら、これらのコンテンツはノイズだからです。しかもこんなメルマガに限ってMAのシナリオ機能を使って、分岐とステップとループを繰り返し、結果としてスパムメールを大量に送り続けていることがあります。メルマガを活用しているつもりどころか、MAを使ってノイズを大量に発生させているのです。

　顧客にスパムメールを送りつけているとしたら、顧客に嫌われても文句は言えません。マーケティングは営業を支援するのが役割ですが、これでは営

業に迷惑を掛けてしまいます。最もやってはいけないことです。

メルマガの廃止は慎重に

　メールマガジンの目的は、商談を発掘する、会社のことを知ってもらう、ファンになってもらうなどいくつかあります。どの目的であってもネタを考えるのが大変で、締め切りもあるので、どうしてもつらい作業になってしまいます。もし顧客や担当している営業がその価値を認めていないなら、コンテンツや配信ルールを見直すべきでしょう。

　ある企業では、マーケティング部門長が情報システム部門出身の人に代わり、その人の鶴の一声でメルマガが廃止になりそうなことがありました。時代を反映して「FacebookやTwitterなどを活用しよう」と言い出したのです。その時、廃止に反対したのは営業部門でした。「訪問先でメルマガの評判が良い」「みんな読んでくれている」「話のきっかけになる」など、営業からの声は強力な援軍となって廃止を止めることができました。

　メルマガを読んで喜んでくれているという声が営業経由でフィードバックされるようになれば、合格といえるでしょう。

2-6 | 流行の「インサイドセールス」をつくったものの

　ここ数年で最も認知度が上がったマーケティング用語と言えば、「インサイドセールス」でしょう。BtoBマーケティングで重要なテレコールを担当し、セミナーや書籍、雑誌の特集など、この言葉を目にしない日は無いほどです。実際、多くの企業がインサイドセールスの組織づくりにチャレンジしています。

マーケティングと営業、「リードの質」は高い方がいい

　インサイドセールスが重要なことは間違いありませんが、高度に全体最適設計されたマーケティング＆セールスの中でしかワークしない、もろ刃の剣であることはあまり語られていないような気がします。その結果、組織をつくってはみたもののまったく役に立たず、マーケティングや営業と不適合を起こしてしまうケースも散見されます。その理由を説明します。

　「リードの質」という点に関しては、マーケティング部門と営業部門は多くの場合価値観が一致します。マーケティング部門は営業部門からの評価を常に気にしますから、少しでも良質なリードを渡したいと考えています。そのためにナーチャリングのコンテンツに悩んだり、絞り込みのアルゴリズムをいろいろ試したり、MAにBIツールを組み合わせて詳細な分析をするのです。

　一方、営業部門も良いリードだけを欲しいと考えています。営業の人たちは顧客とのフロントなので基本的にいつも忙しいのです。既存顧客のメンテナンス、引き合い対応、見積もりや価格改定への対応、納品や代金回収など、日本のBtoB企業の営業の守備範囲は世界でもまれなほどに広範囲です。ですから新規案件のアポイントは「できるだけ良いモノを少数欲しい」という

のが本音でしょう。

つまり、「リードの質」という点においてマーケティングと営業の利害は一致するのです。

インサイドセールスは「質」より「量」が大事

ところがマーケティング部門と営業部門の間にインサイドセールス部門をつくると、この価値観が微妙に違ってきます。インサイドセールスは電話をかけることが仕事ですから、電話をかけないと「仕事をしていない」となってしまいます。「仕事が無い」ということは組織の存続に関わります。普通の企業なら縮小や廃止の対象になるでしょう。組織というものは誕生した瞬間から自己防衛本能を備えています。組織を解体するのが思いの外大変な理由はそこにあります。

インサイドセールスが自己防衛を始めると、自ら仕事を作り出し、ナーチャリング（啓蒙）もスコアリング（絞り込み）もしていないデータに電話をかけ始めるのです。これを「コールドコール」と呼びます。

仮に5人でインサイドセールス部門を立ち上げたとします。マーケティング部門から毎月200件の絞り込まれたコールリストが来ると、1人40件が割り当てられることになりますが、この件数だと人によっては1日か2日でほとんど掛け尽くしてしまいます。すると、もうコールをする先が無い状況に陥ります。

ところが、MAやSFAの中には多くの個人情報がありますので、インサイドセールスの担当者はあの手この手で交渉してこのリストをもらって電話をかけ始めます。マーケティング戦略の中の「手段」であったコールがいつの間にか「目的」となり、インサイドセールスという組織の存続を懸けてギリギリのスクリプトでアポイントを目的に電話をかけまくることになります。

コールドコールは甚大な被害を及ぼすことも

　かくしてコールドコールが激増します。これをマーケティング部門か営業部門が適切にコントロールしていればまだよいのですが、そうでない場合、これが急速に「リストを枯らす」原因になってしまいます。そもそもアポイントの電話がかかってくることを楽しみに待っている人など、どこにもいないのです。

　MAとSFAの連携などのデータ管理が甘いと、既存顧客や既に担当営業によって商談が進んでいる先に、突然インサイドセールスからアポイントの電話がかかってくることもあります。顧客も戸惑うし、その苦情は営業にくることになります。営業にとってこれ以上の迷惑はありません。

　マーケティング部門にしても、温めても絞り込んでもいないリードにコールし、それが引き金となってメール配信停止にでもなれば、展示会などのリードジェネレーションも、データマネジメントも、ナーチャリングもすべて無駄になってしまいます。獲得単価を考えても大きな損失で、それが顧客や、ましてやターゲットアカウントだった場合、被害は甚大です。

　絞り込まれていないリストから獲得したアポイントは、営業にとってもうれしくないものが多いのです。例えば、数億円もする検査機器の場合、予算規模から考えると小さな町工場は通常は購入しませんが、そうした企業にアポイントを取ってしまうこともあるのです。営業は自分の時間を無駄にされるのを最も嫌いますから、こうした苦情はデータを管理しているデマンドセンター（マーケティング部門）に来ることになります。

日本で起きたインサイドセールスの負の側面

　社内の評判を落としたインサイドセールス部門は、MAやSFAのデータにコールできなくなります。それでも部門存続のためにコールという唯一の仕事をしようと、四季報や企業信用調査企業のデータや、クロールによって収

集した企業サイトの電話番号リストなどを使って電話をかけることがあります。

そのように追い込まれたインサイドセールス部門の人にとって、Webから資料をダウンロードした人のデータは垂涎^{すいぜん}の的であり、そのデータを基に死に物狂いで猛烈な電話攻勢をしかけます。そうなると「うっかりあの会社の資料をダウンロードすると後から営業電話がものすごいから気を付けた方がいいよ」という評判が立つことになります。こうした評判が立ってしまうと、広報まで巻き込んだ大問題に発展することがあります。

実はこれが、この5年間で日本のBtoBマーケティングで起きたインサイドセールスの負の側面です。

「余剰人員でインサイドセールス部門をつくる」という危険な発想

ではなぜ、BtoBマーケティングにとって必要不可欠なインサイドセールスが、このような不適合を起こすのでしょうか。

それは、インサイドセールスを軽視していることが原因です。企業によっては、「ある程度の製品知識を持っていれば誰でも電話をかけることができる」と簡単に考えていますので、真っ先に内製化の候補に挙がるのがインサイドセールスです。中には「余剰人員にやらせる」と乱暴に考える企業さえ存在します。余剰人員がコールドコールをかけると聞いて喜ぶマーケティングも営業もいないでしょう。

インサイドセールスはうまく適合させることができれば、サッカーでいうトップ下、営業の司令塔の役割を担うことができます。ADRやBDRと呼ばれる存在に進化させるか、社内のマーケティングからも営業からも顧客からも嫌われる迷惑集団にしてしまうかは、企業のマーケティング偏差値にかかっています。

マーケティング戦略の全体設計をせずに、とりあえず組織をつくったとしたら、そんな組織が売上に貢献することなどあり得ません。経営者は肝に銘ずるべきでしょう。

2-7 既存顧客をグリップしているつもり

　伝統的に引き合い依存の日本企業は、「新規開拓こそ弱いけど、既存顧客のグリップは強い」と信じています。それが「既存顧客の対応はハイタッチで十分で、デジタルの支援は要らない」という「俺の客問題」につながっているのです。しかしここに「大きな盲点」があります。

営業は優秀だが「時間」と「体」の制約から逃れられない

　日本企業の弱点の1つは、顧客や市場との接点がヒューマンインターフェース（人）だけであるということです。言うまでもありませんが、大口顧客を担当する営業は驚くほど優秀な人たちです。そもそも経営層から信用されなければ重要な顧客の担当を任されませんし、その顧客企業の予算（何億、何十億、時には数百億円にもなる）を他社に奪われずに守るのは並大抵のことではありません。

　しかしどんなに優秀でも人は人ですから、「時間」と「体」という制約から逃れることはできません。「時間」とは商談できる時間のことで、緊急事態以外で夜中に顧客に連絡するのは非常識ですし、休日にゴルフはできても商談はなかなかできないはずです。そして「体」は1つしかなく、大型商談は訪問が基本であり、これには物理的な移動が発生するのです。2020年の新型コロナのような特殊事情や、遠い将来なら話は変わるかもしれませんが、今の日本では重要な商談を電話やWeb会議だけで済まそうとすれば企業姿勢を疑われるかもしれません。

　この「時間」と「体」の制約は、「情報が行き渡らない」という形で表れます。ある顧客企業の中に自社の製品やサービスの情報を伝えたい人がいくつ

かの事業所や部署に分散して合計200人いたとします。その企業のアカウントセールスが毎週のように会っている人はせいぜい3〜5人、月に一度は電話などでコンタクトする人が他に10人いたとしても、残りの180人以上とはコンタクトが無く、情報はほとんど届いていないことになります。どんなに素晴らしい製品やサービスでも知らないものは購入しません。しかもこの情報の空白地帯は機会損失だけでなく、競合の参入を許す原因にもなってしまうのです。

ヒューマンインターフェース（人）にはもう1つ弱点があります。それはどんなに優秀な営業パーソンでも「得意、不得意」「好き、嫌い」があるということです。顧客に信頼されている優秀な人であれば、たとえ会社が販売を奨励している商材であっても、それが競合製品と比較して本当に良い製品なのか、顧客の課題解決の役に立つサービスなのかを見極めなければ勧めないはずです。となると、売ったことのない製品、中身を理解していないサービスなどは顧客に勧めないことになります。

製品やサービスの数が多い企業はアカウントセールス制度に不向き

一方で、日本企業の製品やサービスのラインアップは途方もなく多いのです。どう見ても1人が覚えられる限界を超えています。

私は顧客から営業組織の改編の相談を受けたとき、その企業の製品やサービスの数が多い場合はアカウントセールス制度に反対します。1人または数人のチームがカバーするには多過ぎる製品・サービスを持っている企業がアカウント制を導入すると、顧客が知らない製品やサービスがどんどん増えてしまうからです。既にアカウント制で運営されている、または既にアカウント制への移行を決定してしまった場合は、ABMを実現するためのデマンドセンターと、デジタルでアカウントセールスをサポートする仕組みを構築するよう進言します。

「グリップ」しているのは限られた範囲であることが多い

　優秀な営業が担当していれば、一見すると既存顧客をしっかりつかんでいるように見えますが、実はそれは非常に限られた範囲でのことです。そこに盲点があります。どんなに優秀でも時間と肉体の制約があります。

　その制約を超えるためにデジタルがあります。情報を同時に多くの人に正確に伝えるのは、人よりデジタルが得意です。また情報を受け取った人がそれに対してどう振る舞ったかを感知するセンサー機能も、デジタルの方がはるかに優れています。

　既存の大口顧客をマーケティングの対象にすることは大半のアカウントセールスに反対されます。しかし優秀なアカウントセールスが担当している顧客だからこそ、彼らがカバーできていなかった部署から新しい商談を発掘できれば、高い確率で受注してくれます。

　「古くからの大口顧客なので大切にはしますが、受注の伸びしろはもうありません」と説明されていた既存顧客からの売上が大きく増えた時の経営幹部の驚いた顔を私は何度となく見ているのです。

2-8 | データ管理はできているつもり—システムの擬人化—

　MAやSFA/CRMを導入している企業から、相談に乗ってほしいと呼ばれたとき、私はミーティングの最初にこう質問します。

「御社のリードデータは今どんな状態ですか？」

　多くの場合この質問に対する答えは

「ぐちゃぐちゃです」

というものなのです。ぐちゃぐちゃとは要するに「企業や個人の名寄せができていない」「企業と個人がひも付いていない」「企業に属性のデータが付与されていない」などの状態を指す便利で悲しい言葉です。

日本ほどデータマネジメントが難しい国はない

　あまり知られていませんが、BtoBでは日本ほどデータマネジメントが難しい国はありません。個人情報関連の法令としては欧州のGDPRが最も厳しいといわれていますが、データマネジメントはプライバシー関連の法律だけがネックではありません。会社法や著作権法などの法律、企業文化や漢字表記などもあります。そうした要素が絡まり合った状態でマスターデータを作るため、それを維持するのは難しいのです。

　その難しさを表現するために、システムの気持ちを擬人化して表現します。個人情報を格納するいくつかのシステムを集め、誰のデータを基に集約するかを話し合ってもらいました。想定するのは、新しくMAを導入して運用を

始めるケースです。懸案は、社内のどのシステムのデータを中心に集約するかです。ある夜、CRM、SFA、MA、DMP、メール配信システム、販売管理システムたちが集まって、統合するなら誰のデータを使うかを話し合っていました。会議を仕切っていたのは、もうほとんど使われなくなったDWH（データウエアハウス）と呼ばれるシステムでした。

「MA」↔「DWH」

　DWHに声を掛けられて集められたシステムの前に、新任のMAが恐る恐る進み出ました。

MA　　：あのはじめまして、MAと申します
DWH：おっ、話には聞いてたけど、着任したんだ
MA　　：はい、よろしくお願いします
DWH：んで、何する人？
MA　　：営業や販売代理店に商談を供給する仕組みを作ります
DWH：どうやるの？
MA　　：属性と行動の2軸で絞り込むスコアって機能を持ってるんですよ
DWH：ほぉ〜、すごいじゃない
MA　　：そうなんです、デマンドジェネレーションって言うんですけど、今旬みたいで
DWH：だよね、それで俺たちに何か用なの？
MA　　：はい、マーケティングをするためにまずはデータを集めなきゃいけなくて、データはみなさんの中にあると思うんですけど、どれをベースにして格納するのがよいのかと思いまして……
DWH：ほぉ〜、ってことは、誰が良いデータを持ってるのか知りたいってこと？
MA　　：まぁそんな感じです

「CRM」↔「DWH」

　それを聞いていたベテランのCRMが真っ先に手を挙げました。

CRM ：こほん、あの

DWH：おっとCRM、まだ動いてたんだ？

CRM ：当たり前じゃないですか！

DWH：ごめんごめん、最近あんまり聞かないからさ

CRM ：私がいなかったら会員サイトのIDとかパスワードとか誰が管理するんですか？

DWH：あぁ、そこやってくれてたんだ

CRM ：それに、この中で導入された時期からすると私が最古参だと思うので

DWH：確かに

CRM ：だから統合データのベースになるのはやっぱり私なのかな？って思うんですけど

DWH：なんでそうなるかな？

CRM ：CRMって顧客データベースなので、顧客の購買履歴を網羅してるんですよ

DWH：それで？

CRM ：取引情報って大事じゃないですか？

DWH：だから？

CRM ：だからって……

DWH：既存顧客はいいけど、未取引はどうするの？

CRM ：大事なんですか？

DWH：展示会で来場してくれた人とか、セミナーに参加してくれた人のデータはどうするの？

CRM ：取引が始まってからじゃダメですか？

DWH：Webからの問い合わせとか資料ダウンロードのデータは？

CRM ：買ってくれるか分からない人のデータを持ってこられても困りますよ

DWH：新規顧客は獲得しなくていいわけ？

CRM ：そんなこと言ってませんけど

DWH：CRMってカスタマー・リレーションシップ・マネジメントだね

CRM ：その通りです

DWH：日本語では顧客関係管理だわな

CRM　：そうそう、よくご存じで

DWH　：関係ってなに？

CRM　：購買履歴です

DWH　：買わなかったら？

CRM　：入力しません、ダメですか？

DWH　：ダメでしょ

「DMP」↔「DWH」

　すると今度は、広告部門のお気に入りのDMPが手を挙げました。

DMP　：あの、私一応全部扱えることになってます。DMP ってデータ・マネジメ
　　　　ント・プラットフォームの略だって知ってますか？

DWH　：名前はどうでもいいけど、全部って何？

DMP　：会社にある顧客関係のデータを全部格納するんです

DWH　：それで？

DMP　：最適な人に最適なタイミングで広告が出せるんです、すごいでしょ

DWH　：1 回何かのサイトを見たら、広告がずっと付いてくるあれ？

DMP　：あっそれそれ、それも私です。リタゲなんて呼ばれてますけど、キライで
　　　　すか？

DWH　：なんかぬれ落ち葉みたいでちょっとしつこいよね

DMP　：でも、売上に貢献するって言われてるんですよ

DWH　：他のサイトで買った製品の広告を延々と見せられてもなぁ

DMP　：でも、関係無い人に広告出すよりマシじゃないですか？

DWH　：さっきは最適な人に最適なタイミングでって言ってたけど？

DMP　：ちょっと言い過ぎました、へへ

DWH　：あのね！

DMP　：すいません

DWH　：クッキー使うんだよね

DMP　：はい、オーディエンスデータって言いまして、これがすごいんですよ

DWH：でもさ、アノニマス（個人を特定できないデータ）はBtoBではあんまり意味がないんだよ

DMP：そうかなぁ、製品ページを見てるなら興味のある人なんじゃないんですか？

DWH：新製品のプレスリリースに反応して製品ページに来る人って誰だか分かる？

DMP：だから製品に興味のある人でしょ？

DWH：ほとんど競合なんだよ！

DMP：えっ、そうなんですか？

DWH：営業なら誰でも知ってるよ、そんなこと

「SFA」↔「DWH」

「営業」という言葉が出たので、SFAがうれしそうに反応しました。

SFA ：そうですよね、営業の知見ってすごいんです。それでなんですけど、私のデータはその営業が入力しているんですよ。セールスフォースオートメーションなんで、やっぱ私ですかね、情報の鮮度もいいし

DWH：はぁ？　あのね、この世のデータで一番汚いのは、疲れた営業が入力したデータだって知らないの？

SFA ：えっ、まじですか？

DWH：例えば住所1とか2とかって分けるわなぁ、あのルールって守ると思う？

SFA ：いやぁ

DWH：そもそも社名だって正確に入れないんだよ

SFA ：そうなんですか？

DWH：自分の中のデータ見てみたら？　東日本電信電話株式会社ってなってるかね？

SFA ：えっと、あっNTT東日本ってなってます

DWH：日本電気株式会社は？

SFA ：えっとぉ、NECです

DWH：だからさぁ、それでは名寄せできないでしょ

SFA ：すいません

DWH：案件ステータスの定義ってそろってるの？

SFA　：もちろんですよ！

DWH：このS7ってなに？

SFA　：営業が良い感じって思った案件です

DWH：良い感じってどんな感じ？

SFA　：行けそうって言うか、お金ありそうっていうか……

DWH：それ定義って言うの？

SFA　：すいません

DWH：じゃS0は？

SFA　：受注です！

DWH：S1は？

SFA　：口頭内示です

DWH：S1からS0での減衰率は？

SFA　：去年は2％でした

DWH：それ刻む意味あるの？

SFA　：すいません……

「販売管理システム」↔「DWH」

　すると、一番後ろで黙って聞いていた販売管理システムがゆっくり立ち上がりました。

販売管理システム：やっぱり情報系じゃぁ無理じゃないんですかぁ？

DWH　　　　　　：あんた誰？

販売管理システム：販売管理システムです、請求書を発行したりする、まぁ勘定系
　　　　　　　　　の入り口ってとこですか

DWH　　　　　　：へぇ？

販売管理システム：皆さんは縁が無いかと思いますが、私なんて基幹システムと
　　　　　　　　　も連携してるんですよ、はは

DWH　　　　　　：基幹システムねぇ

販売管理システム：そうなんです。なのでこの役割にはやっぱり一番ふさわしい

と思ってますが

DWH　　　　　　　：じゃ聞くけどさ、なんであんたの中って同じ会社があんなに
　　　　　　　　　　たくさんの企業コードを持ってるんだ？

販売管理システム：あっ、いやそれは仕方がないんですよ

DWH　　　　　　　：なんで？

販売管理システム：その時その時のルールやシステム設定で発番されたコードを
　　　　　　　　　　消さないで持ってるから

DWH　　　　　　　：なんで消さないの？

販売管理システム：いろんな伝票や決算書とつながってるから変えられないんで
　　　　　　　　　　すよ

DWH　　　　　　　：それにしても多くない？

販売管理システム：事業所ごとだったり、担当部署ごとだったりするので……

DWH　　　　　　　：ルールって固まってないの？

販売管理システム：システムをリプレースするたびにルールも変えるんです

DWH　　　　　　　：ってことは企業コードってこれからも増え続けるの？

販売管理システム：法律もあるので過去は消せなくて、基本的に追加になりますね

DWH　　　　　　　：なにそれ？

販売管理システム：マスター・データ・マネジメントには何度かチャレンジして
　　　　　　　　　　るんですが……

DWH　　　　　　　：あれって企業情報だけで個人は入ってないよね？

販売管理システム：ダメですかね？

DWH　　　　　　　：うん、つないだらむしろややこしくなるからいらないわ

「メール配信システム」↔「DWH」

　今度は、CRMと同じ頃に導入された古株のメール配信システムが手を挙
げました。

メール配信：あの、私はメール配信システムなんですけど、何かお話を聞いてたら、
　　　　　　やっぱりマーケティングなら私のデータかな？なんて思ったもんで

68

DWH　　　：なんでそう思ったの？

メール配信：やっぱりコミュニケーションの主力はメルマガとかじゃないですか

DWH　　　：まぁそうだけど……

メール配信：セミナー集客とかもメールですよね

DWH　　　：そうだね

メール配信：だから、やっぱり私のデータを基にして…

DWH　　　：ちょっとデータ見せて

メール配信：はい、どうぞ……ほら、ちゃんと不達とかのフラグも立ってるでしょ？

DWH　　　：電話番号は？

メール配信：無いです！

DWH　　　：なんで？

メール配信：いやだってメール配信なんで……必要なんですか？

DWH　　　：必要ないと思ったの？

メール配信：だって、メルマガ登録で電話番号を入力させるとかおかしくないです
　　　　　　か？

DWH　　　：おかしいの？

メール配信：いや、初対面の女性に、絶対電話しないから電話番号教えてって言う
　　　　　　感じがして

DWH　　　：あのなぁ

メール配信：はい

DWH　　　：じゃ、メールに反応があったら次のアプローチはどうすんの？

メール配信：個別メール？

DWH　　　：メールでアポイント取るのどんなに難しいか知ってる？

メール配信：難しいのですか？

DWH　　　：忙しい人同士がお互いの時間の都合をメールでやりとりするの大変
　　　　　　だと思わない？

メール配信：あぁ……

DWH　　　：だから電話番号が必要なんだよ

メール配信：はぁ……

DWH	：住所も無いよね？
メール配信	：無茶ばっかり言わないでくださいよ、私はメール配信なんですよ
DWH	：どこで働いてるか分からないのに絞り込める？
メール配信	：ダメですか？
DWH	：明日なら会ってもいいよって言ってくれた人が遠方だったら行ける？
メール配信	：無理です
DWH	：じゃメールであなたはどこの事業所に勤務してますか？って聞くの？
メール配信	：変ですよね
DWH	：電話番号って地域が特定できるんだよ
メール配信	：そっかぁ、そうですねぇ
DWH	：それに営業だって忙しいから、まずは電話で話して、訪問する意味がある相手かを確認したいわけよ
メール配信	：可能性を確認するんですか？
DWH	：まったく可能性が無いなら時間の無駄でしょ、お互いに
メール配信	：ですねぇ
DWH	：だから電話番号がいるんだよ
メール配信	：インターネットで調べられるじゃないですか？
DWH	：はぁ？
メール配信	：企業Webに載ってるでしょ？　それをクロールとかで収集して……
DWH	：それ代表電話ね
メール配信	：えっ、代表電話じゃダメなんですか？
DWH	：ぜんぜんダメだね
メール配信	：なんで？
DWH	：代表電話を受ける人は営業電話を撃退するトレーニングを受けてるの
メール配信	：おぉ！
DWH	：おぉじゃないよ、それにね、本社にいない人と会いたいなら代表電話って意味ないよね？
メール配信	：本社にいない人に会う意味ってあるんですか？
DWH	：商材による

メール配信：商材？

DWH　　：製造業の場合、研究開発センターや設計センターは本社じゃなく事業
　　　　　　所の敷地内にあることが多いんだよ

メール配信：事業所ってなんですか？

DWH　　：工場

メール配信：あぁぁ、じゃ地方じゃないですかぁ、そりゃ無理だ

再び、「DMP」↔「DWH」

　さっきアノニマスで撃沈したDMPが再び手を挙げました。

DMP　：あの……

DWH　：今度は何？

DMP　：あの、アノニマスはBtoBではあんまり役に立たないのは分かりました

DWH　：んで？

DMP　：でも、私にはもっとすごいデータもあるんですよ

DWH　：例えば何？

DMP　：IPです！

DWH　：は？

DMP　：グローバルIPですよ、インターネットの住所みたいな

DWH　：それは知ってる

DMP　：すごくないですか、企業を特定できるんですよ

DWH　：それで？

DMP　：だからABMとかはやってるじゃないですか

DWH　：だねぇ

DMP　：すごくないですか？

DWH　：当たればね

DMP　：へっ？

DWH　：ちゃんと当たればすごいんだけどねぇ

DMP　：当たってないんですか？

DWH ：個人を見てないと当たってるかどうかも分かんないもんね

DMP ：そうなんですか……

DWH ：まぁ君のせいじゃないさ、初期のIPの管理がうまくいかなかっただけだか
　　　ら。それとIPってISPがほとんどで、企業を特定できないし、グループ企
　　　業で共有されてる場合も多いって知ってた？

DMP ：もちろんですよ、便利ですよね？

DWH ：何で？

DMP ：いや、同じグループ企業だって分かるじゃないですか？

DWH ：日立グループって何社あるか知ってる？

DMP ：20社くらいですか？

DWH ：世界では1,200社を超えてる

DMP ：えぇっ？

DWH ：国内だけでも社員数は30万人近いんだよね

DMP ：それが同じIPアドレスだとすると

DWH ：特定してもあんまり意味無いよね

DMP ：すいません

DWH ：いいって……

再び、「MA」↔「DWH」

　　今までのやりとりを不安そうに聞いていたMAが立ち上がりました。

MA 　：それで、結局私には誰のデータを入れればいいんですか？

DWH ：こうなったらもう全部入れて、あんたの中で整理整頓するしかないんじゃ
　　　ない？

MA 　：はぁ

DWH ：名寄せとかの機能はあるんでしょ？

MA 　：もちろんです

DWH ：プライマリーキーは？

MA 　：メールアドレスです

DWH：メアドが無い人のデータはどうすんの？

MA　：一応登録はできますけど、名寄せは厳しいですねぇ

DWH：名寄せができないならデータが汚くなるってこと？

MA　：そうです、なのであんまり入れたくないですよぉ

DWH：メアドが無いデータがこの会社にどんだけあるか知ってる？

MA　：知りたくないです

DWH：……

一同　：……

　世の中はDX（デジタルトランスフォーメーション）、BI、データドリブンなどの言葉が飛び交ってますが、実務で名寄せの問題をちゃんと解説した本や寄稿はめったに見かけません。MDM（マスター・データ・マネジメント）と呼ばれる業務アプリケーションやサービスもありますが、基本的には企業情報のマスターデータを統合するもので個人情報までは見ていません。しかし、ここがはじめの一歩でなのです。ぐちゃぐちゃの汚いデータを使えば事故やクレームを誘発し、企業を傷付けることになってしまうのです。

2-9 | 「ABM」は企業のリトマス試験紙

2016年の秋、私は日本で初めてのABMに関する書籍『究極のBtoBマーケティングABM』（日経BP）を書きました。その後、多くの日本企業がABMに取り組み、ABM関連サービスも多くリリースされました。私は、ABMは日本のビジネス文化に向いたマーケティング戦略であり、米国よりむしろ日本という土壌で発達すると考えています。しかしこのABMも中途半端な「やっているつもり」を繰り返した結果、残念ながら「成果が出ない」「日本には向いてない」などの声が上がっています。

ABMの定義

ここで、私のABMの定義を示します。

「ABMとは、全社の顧客情報を統合し、マーケティングと営業の連携によって定義されたターゲットアカウントからの売上最大化を目指す戦略的マーケティング」

この定義はマーケティング先進国の米国で活躍するABMの専門家の意見も踏まえ集約してまとめたものです。これに照らせば、

・IPアドレスでターゲット企業を特定しデジタル広告を配信する
・企業データ会社からターゲットアカウントの電話番号リストを購入して集中的にコールドコールをかける

などはABMの施策の1つであったとしても、決して戦略ではないことが分かると思います。何よりもそれでは成果が出ないばかりか、常識的なアカウ

ントセールスがいる会社なら「自分の顧客にそんなことをするのは勘弁して
くれ」と言うに違いないのです。

ABMは戦略である

　ABMを実施して成果を上げるためには、一見矛盾する2つの重要なポイ
ントがあります。

(1) ABMは戦略である
(2) ABMはデマンドジェネレーションの進化系である

　1つ目の「ABMは戦略である」から説明しましょう。第4章で詳しく書
きますが、戦略と戦術の大きな違いは、戦略には自由度を与えてはならず、
戦術には自由度を与えなければならない、ということです。例えばある山岳
会が、戦略目標を「3年以内にエベレストの北壁を征服する」と決めたとしま
しょう。これは戦略ですから自由度はありません。「他のルートでも？」「他
の山でも？」という選択肢は無いのです。しかし戦術には自由度を認めなけ
ればなりません。山には天候もあります。アタックするメンバーの体調や技
術の問題もあります。もし東京にいる本部が勝手にアタックの日時や登頂す
る隊員を指定したら、悪天候の中を体調の悪い隊員にアタックさせることに
もなり、結果的に事故を起こすことになるでしょう。変数が多い中で、現場
に戦術的自由度を与えなければ戦略目標は達成できないのです。

　ではABMが戦略であるならば、自由度は認められないというのはどうい
うことでしょうか？

　もし経営者がABM戦略を採用したならば、自由度、つまり「ABMをやら
ない」ということを認めてはならないということです。日本企業の特徴は営
業部門に対するガバナンスが緩いことです。SFAが良い例です。全社で導
入されたSFAでも事業部長や部長の方針によって記入方法やその運用ルー

ルはまちまちです。データマネジメントの観点で言えば、もうこの時点で
SFA導入は崩壊しているのですが、それが日本企業の普通の姿です。売上を
つくり、最前線で顧客と接し、競合と戦う営業部門には治外法権が認められ
ているケースが多いのです。

　もし経営者が、「売上のトップ20社に対してはABM戦略を採用する」と
決めたなら、この20社とその関連会社に所属する個人情報、取引履歴、担当
などの属性情報などはすべてデマンドセンターに集約されなければなりませ
ん。「俺の客に勝手に電話するな」ということを認める余地は無く、もし認
めているとしたら、それは少なくとも戦略的なABMではないのです。

ABMはデマンドジェネレーションの進化系である

　次に、2つ目の「ABMはデマンドジェネレーションの進化系である」を説
明しましょう。既存の大口顧客、つまりターゲットアカウントを任されてい
るアカウントセールスの立場になって考えれば、上記のABM戦略は無茶な
話です。自分と顧客の関係に突然マーケティング部門が割り込んできて、勝
手に顧客が欲しがってもいない商材を売り込まれたらたまったものではない
でしょう。BtoBマーケティングは最前線の営業をデジタルで支援すること
であって、邪魔をするなら不要の存在になります。そこで通常のデマンドジェ
ネレーションよりさらに洗練され、セキュリティー的にも、コミュニケーショ
ンのコンテンツ的にも、一元管理ができるデマンドセンターを構築しなけれ
ばなりません。そこに、

・この企業の中でシェアを伸ばしたい重点部門とその状況
・この企業の中で新規受注を獲得したい重点商材とその状況
・センシティブな顧客だから、メールを送るときには事前に担当に知らせる
・電話を嫌う人なので、担当営業以外からは電話をかけない

などの情報を集約して統合的にコントロールするのです。この情報をマーケ

ティング、営業、ものづくり部門（研究開発・設計など）がリアルタイムにシェアしてターゲットアカウントからの売上最大化を考えるのです。

　これには精緻なデータマネジメントやコンテンツマネジメント、パイプラインマネジメントなどが必要で、それを担う経験豊かなデマンドセンターが存在しなければ、そもそも取り組むことはできないはずです。

　ABMの指標の1つに「カバレッジ」があります。部署や事業所ごとの製品やサービスの契約カバー率など、さまざまな分析が必要で、こうしたレベルのデータマネジメントをデマンドセンターを持たない企業が行うのは不可能です。

　こう考えればABMに取り組んでいる多くの企業がいまだ「つもり」の域を出ていないことが分かると思います。

マーケティング浸透度を測る「リトマス試験紙」の側面がある

　ABMのこうした特徴は、企業のマーケティング浸透度を測る「リトマス試験紙」のように作用します。ABMに取り組むことで、その企業の中でマーケティングがどの程度しっかり根付いているか、その企業のマーケティング偏差値はどのレベルなのか、営業部門や販売代理店に対するガバナンスはどの程度確保されているか、なども明確になります。経営者が号令を掛けているABMが本当に経営戦略なのか、戦術の1つなのか、それともただのキャンペーンなのかが浮き彫りになるのです。

　ABMの定義の中に「マーケティングと営業の連携によって」という一文が入っているのは、ABMにはリトマス試験紙のような側面があるからです。連携するには相互の信頼関係の構築が不可欠です。マーケティング部門がその仕事ぶりを通して営業部門からの信頼を勝ち得ていなければ実現できない戦略なのです。

もし、大口顧客を担当するアカウントセールスが積極的に顧客のデータを開示し、担当顧客のエグゼクティブ層へのコンタクトを許してくれるなら、その企業はマーケティングがしっかりと根付き、ABMが企業戦略として位置づけられているといえるでしょう。

第3章

日本が遅れた理由、
追い付けない要因

日本は世界有数の経済大国です。平地面積が狭く天然資源も乏しいこの国が経済大国になった理由の1つは「技術」です。その高い技術を研究開発、設計、生産などに活用し、「ものづくり」で戦後復興を成し遂げ、現在に続く繁栄を築きました。

その日本で「BtoBマーケティング」が世界から大きく遅れ、いまだに追い付けないのはとても不可解なことです。その不可解さは、遅れている当事者である日本人よりも、むしろ欧米の人々がクビをかしげて見ています。

戦後60年でマーケティングを忘れてしまった日本

世界中の経営者が師と仰ぐピーター・ドラッカーは、マーケティングの源流を日本の三井家に置いています。また、BtoBマーケティングはダイレクトマーケティングの系譜に属しますが、ダイレクトマーケティングの世界最古の成功例は、江戸時代の富山の薬売りの大福帳でしょう。

日本人の民族性がマーケティングに合わない訳でも、村社会の構造がマーケティングの育成を阻んだ訳でもありません。戦後の60年でマーケティングを忘れてしまったのです。あまりにきれいに忘れてしまったので、多くの日本人は遅れている事実にすら気付いていないのです。

遅れている現状を第1章、第2章で解説しましたので、この第3章では、まず3-1で「何が」遅れたのかを明らかにし、3-2以降で「なぜ遅れたのか」「なぜ追い付けないのか」について、私が考える要因を順番に説明します。

3-1 日本が遅れているのは「デマンドジェネレーション」

　日本は戦後の復興をやり遂げ、敗戦からわずか30年で世界第2位の経済大国になりました。この経済成長は世界中の経済学者から奇跡と賞賛され『ジャパンアズナンバーワン』という本まで出版されました。

出遅れただけでなく、どんどん引き離されている

　家電、自動車、工作機械、精密機器、半導体、こうした分野で日本は圧倒的な強さを持ちました。米国自動車産業のリーダーでフォードとクライスラーの社長を歴任したアイアコッカをすっかり日本嫌いにし、20世紀最強の経営者といわれるGEの元会長ジャック・ウェルチに「日本企業に殺されるかと思った」という言葉と共に白物家電からの撤退を決断させ、Intelの創業者ゴードン・ムーアとアンディ・グローブにメモリー市場からの撤退を決意させ、「メモリー分野ではもう何をやっても日本人には勝てない」と言わしめました。

　戦後の復興を成し遂げた我々の祖父や父の世代は、本当に偉大だったのです。ただ、良い製品をどこよりも安く安定供給できたことで世界のシェアを握った日本は、マーケティングをすっかり忘れてしまいました。

　必要は発明の母ですが、不必要は忘却の父です。

　すっかり忘れていた「マーケティング」はリーマン・ショックを境に急に必要になりましたが、既にDNAレベルでマーケティングのナレッジを失った日本の遅れは先進国から2～3年ではなく、10年、見方によっては15年という周回遅れの状態です。

これについては異論のある方もいるらしく「そうは思わない」「そんなに遅れているのならここまでの経済大国になるはずがない」という声も聞こえてきますが、私の感覚では出遅れただけでなく、どんどん引き離されています。日本は高速道路を時速100kmで懸命に走っていますが、欧米は時速110km、120kmで走っています。時間がたてばたつほど差は開いているのです。

「リサーチ」「ブランディング」が遅れているわけではない

では具体的に何が遅れているのでしょうか。BtoB企業が取り組むべきマーケティング活動を大別すると以下の3つになります。そのすべてが遅れているのではなく、決定的な差を生んでいるのは（3）です。

(1) リサーチ
(2) ブランディング
(3) デマンドジェネレーション

「(1) リサーチ」が欧米に大きく遅れているとは考えていません。リサーチの対象は「市場」「先端技術」「競合」「顧客満足度」など多岐にわたります。日本企業は先端技術や生産技術への関心は高いのですが、市場や顧客満足度などへの関心は低いように感じます。ただ日本にも優秀なリサーチ会社がいくつも存在し、ナレッジを持つプロのリサーチャーが活躍しています。欧米から見ても周回遅れではないでしょう。

「(2) ブランディング」も日本が特に遅れているとは考えていません。東京から関西に移動するときに使う新幹線車内の広告は、ほとんどがBtoB企業、それも製造業の広告です。BtoB企業も企業ブランドが重要であることは間違いありません。優秀な人材を採用するには、学生だけでなく学生の親御さんに知られていることが必要です。上場企業であれば株価を維持し、上げていくためにも、一般投資家に対しての知名度は重要な要素です。誰も知らない企業には投資しないのです。

周回遅れは「デマンドジェネレーション」

　私が周回遅れだと主張しているのは「(3) デマンドジェネレーション」です。これは、案件（商談）を営業や販売代理店、海外の現地法人に安定供給する仕組みのことです。「デマンドジェネレーション」という言葉はもちろん、その組織を指す「デマンドセンター」、その設計と運用のフレームワークとして世界標準になっている「デマンドウオーターフォール」も日本ではほとんど知られていません。

　米国や英国、北欧の国々やドイツなどのBtoBマーケティング先進国では、デマンドジェネレーションが主流になっています。リサーチやブランディングは売上や利益から遠いと思われていますが、デマンドジェネレーションは売上との相関がとても強く、営業の前工程として極めて密接に連携し、新規市場を開拓し、既存顧客へのクロスセルやアップセルに効果的です。デマンドジェネレーションを主管するCMOやシニアマネジャーは、平均勤続年数が2年を切るほど引く手あまたのため、転職を重ねてキャリアの階段を上っているのです。

　一方の日本では、マーケティングが経営戦略の中心になっておらず、組織も人材もなく、ナレッジもたまっていません。マーケティング部門が孤立し、社内で浮いた存在になっている企業もあります。売上貢献などは遠い話で、中には来期の予算すら確保できない部門もあります。

マーケティングは「費用」か「投資」か

　残念ながらマーケティング偏差値の高くない日本企業では、マーケティング予算を「投資」ではなく「費用」として計上しています。費用ですから業績が悪化すると真っ先にコスト削減の対象になります。接待交際費やタクシーチケットと同列の扱いを受けているのです。

　欧米企業のマーケティングKPIは、「ROMI」（リターン・オン・マーケティ

ング・"インベントメント"）、つまり、マーケティングは未来を創る「投資」
と見なしているのです。

世界を知ることから始まる

　私は、日本のBtoBマーケティングを幕末に例えることがあります。約250
年間鎖国してきた日本は、欧米列強によるアジア植民地化の狙いに気付いて
いませんでした。そこに、中国・清と英国によるアヘン戦争が起こり、日本
は世界を知ります。アヘン戦争のあまりに不条理な結末を知った各藩の若い
下級武士たちは危機感を募らせ、それが黒船来航をきっかけにした連鎖的な
討幕運動になり、明治維新となりました。国を挙げての富国強兵の結果、維
新から30数年後の日露戦争の勝利となり、欧米列強の植民地にならずに済ん
だのです。

　すべてのきっかけは、世界を知ったことです。世界を知ることで日本の遅
れを理解し、欧米の植民地主義を理解し、中央集権国家でないと対抗できな
いことを理解して明治維新を成し遂げました。

　まずは、知ることです。米国で開催されているBtoBマーケティングのカ
ンファレンスに経営者自ら参加するべきですし、次世代を担う若手のエース
を参加させるべきです。最初は何も学ぶことができず、ただ圧倒されて帰っ
てくるでしょうが、それでよいのです。そこから始まるのですから。

3-2 | 要因1 営業部門の業務範囲が広過ぎる

　ではここから、日本のBtoBマーケティングは「なぜ遅れたのか」「なぜ追い付けないのか」を説明します。最初は、営業部門の業務範囲に注目します。

日本企業の営業の業務範囲は広い

　外資系企業は給与が高いと誰もが知っています。ここでは営業部門に絞りますが、これは不思議な現象なのです。同じ業種の日本企業で営業をやっていた人が、「米国に移住して転職したら給与が上がった」というのは市場が違いますから納得できます。でも、日本でビジネスをしている外資系企業の日本法人の給与が、同業の日本企業より高いのです。これを「いつでもクビにできるから」と説明する人がいますが、日本法人は日本の労働基準法が適用されるので理由にはなっていません。

　ではなぜ、日本企業の営業の給与は、外資系と比べて相対的に低いのでしょうか。私は、担当業務の範囲が広いため、結果として生産性が低くなるからだと考えています（**図表3-1**）。

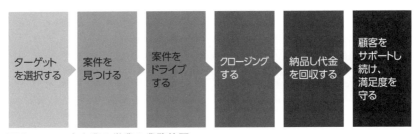

図表3-1　日本企業の営業の業務範囲

日本企業の営業は、ターゲティングから始まります。担当する製品やサービスを、どの業種のどの規模の、どの部署の何を担当している人に売るのか、狙いを定めます。狙った対象から案件を見いだし、その案件を長い期間ドライブし、クロージングの手続きや折衝も行い、契約もまとめて納品と代金回収を行い、さらに顧客とお酒を飲んだりゴルフに行ったりしながら関係を深めます。まさに、ハイタッチセールスを絵に描いたような活躍です。

　一方の欧米企業は、日本企業の営業が担う業務を4つの部門でリレーします。市場を細分化し、そこからターゲットを選定し、そのターゲットのリードデータを収集し、コミュニケーションしながら絞り込むところまではマーケティングが行います。マーケティングによって絞り込まれたリードはインサイドセールスからコールし、ニーズや競合条件などできるだけ情報を収集した上で営業にリレーされます。ここで営業が受注、納品までを行いますが、その後はカスタマーサクセスという部門が引き取って、顧客が購入した製品やサービスがきちんと活用できるまでサポートします（**図表3-2**）。最低でもデマンドセンターとセールスの2部門で分業し、その場合、インサイドセールスはデマンドセンターの下に配置されるのが普通です。

　分割した部門ごとにKPIは異なります。デマンドセンターはROMI、インサイドセールスはアポイント（TQL）からの営業のアクセプト率、営業はもちろん受注金額で評価され、カスタマーサクセスは契約更新率や期間を区切ったLTVで評価されます。このように役割分担とKPIを明確にすることで、

| デマンドセンター | インサイドセールス | パイプライン | カスタマーサクセス |

図表3-2　日本の営業が1人で担当する業務を分担する欧米企業のスタイル

それぞれが担当業務を深堀し、進化させることができます。営業は受注活動にフォーカスできるので、1人当たりの受注金額や件数が増え、給与水準が上がるという構造なのです。

デマンドジェネレーションが不要な象限は世界一

「アンゾフマトリクス」（第5章で詳しく紹介します）に日本企業のビジネスをプロットすると面白いことが分かります（**図表3-3**）。縦軸は市場・企業です。上が既存で下が新規、言い方を変えれば、上が「お得意さま」、下が「新規取引先」です。横軸は製品・サービスです。左が既存で右が新規、言い方を変えれば、左にはお客様も競合も自社の社員も誰もが知っている「看板商材」、右には「新製品・新サービス」が入ります。

中堅以上の日本企業の売上を顧客別や商材別で分析すると、ほとんどが左上の象限にプロットされます。つまり、お得意さまに既存製品やサービスを販売して売上をつくっているのです。実はアンゾフマトリクスの4象限のうち、左上の象限だけデマンドジェネレーションが不要なのです。欧米のマーケティング先進国では、この象限は「ハイタッチ」で取るのがセオリーとされ、その専門部隊として「カスタマーサクセス」が生まれたくらいです。恐らく、日本企業は左上の象限において世界一のスキルがあります。お酒を飲

製品・サービス

		既存	新規
市場・企業	既存	市場浸透戦略	新製品開発戦略
	新規	新市場開拓戦略	多角化戦略

図表3-3 アンゾフマトリクス

んだりカラオケやゴルフに行ったりしながら、顧客の趣味嗜好、家族構成、社内政治に基づく意思決定マップを把握する、そんな営業力を他の国で見たことがありません。

日本企業がすべきことは明白。マーケティングへの投資

しかし、アンゾフマトリクスの4象限のうち、左上以外はデマンドジェネレーションの機能が無ければまったく歯が立ちません。現に日本企業は、新市場の獲得も、既存顧客に対する新製品・新サービスの販売も苦戦を強いられています。

ここまで読めば、日本企業がすべきことは明白だと思います。営業部門は既にあり、優秀で企業ロイヤルティーの高い営業パーソンと販売代理店も持っています。いま必要なのは、マーケティングへの投資です。社内外から優秀な人を集め、必要な予算を付け、外部から有識者を招いて、プロの伴走で実務を学ぶのです。

組織的にはデマンドジェネレーションの機能をつくって、営業の前工程として配置します。そこからインサイドセールスをつくり、必要であればカスタマーサクセスをつくればよいでしょう。

3-3 要因2 1990年代後半の "革命" に乗り損ねた

日本のBtoBマーケティングはいつから遅れたのでしょうか？

ダイレクトマーケティングでは日本は健闘していた

　BtoBマーケティングは「ダイレクトマーケティング」に属します。マーケティングの分類方法はいくつもあり、これは使うメディア（チャネル）による分け方です。マスメディア（テレビ・ラジオ・新聞・雑誌など）を使うマーケティングが「マスマーケティング」、ダイレクトメディア（訪問・電話・Fax・郵便など）を使うマーケティングが「ダイレクトマーケティング」です。

　私が会社を創業した直後の1993年、米国・ニューヨークに本拠を構えていたダイレクトマーケティング協会（DMA：現Data & Marketing Association）の会員になりました。当時のDMA本部には膨大な事例を集めたライブラリーがあり、世界中のダイレクトマーケティングキャンペーンのレポートや実際に発送したDMのサンプル、その集計データなどが並べられていて、会員は閲覧することができました。その中には「IBM PCダイレクトキャンペーン」などのBtoB事例もありました。IBMのキャンペーンでは、クリエーティブやDMの制作・発送などを含まない純粋なプランニング料だけで1億円という金額を見て、びっくりしたのを覚えています。

　当時の日本と比べると、マーケティングのプランニングやクリエーティブに支払われる金額が圧倒的に違うと感じました。ただ、日本にも素晴らしいダイレクト・マーケティング・エージェンシーがいくつもあり、DMやカタログを使ったキャンペーンなどが活発で、米国に遅れてはいるが、それは数年程度という肌感覚でした。

1990年代後半に米国で起こった革命は欧州に広がる

　1990年代の後半、米国のBtoBマーケティングでは「デマンドジェネレーション革命」が起こります。日本はこれに完全に乗り遅れてしまったのです。理由は3-1で書いたように「マーケティングをすっかり忘れてしまった」からで、当時、米国で起こった革命的な出来事は日本にまったく伝わらず、この頃に米国で開催されたBtoBマーケティング系のカンファレンスで日本人を見かけることはほとんどありませんでした。

　米国で起きた「デマンドジェネレーション革命」は、米国のBtoBマーケティングを圧倒的に進化させ、米国企業が拠点を置く英国やアイルランドがこれに続き、ドイツに伝播し、やがて北欧の国々でも革命の火が広がりました。先進国では日本だけが取り残されてしまったのです。

BtoBマーケティングを徹底的にまねる時期

　日本が追い付くには、まねることです。マーケティング先進国のやり方を徹底的にまねて学び取るしか方法はありません。

　英国で産業革命に大きなインパクトを与えた 蒸気機関が造られた時、日本はいまだ江戸時代の中期で、将軍は10代徳川家治の時代です。明治維新で文明開化が起こる100年も前でした。自転車も自動車も電車も飛行機も、電話も時計も洋服も靴も日本で発明されたものではありません。

　しかし現在の日本は、世界一の自動車生産国です。時計もモーターも半導体も世界的なシェアを持っています。西洋諸国に猿まねとばかにされながら徹底的に模倣し、そしてその技術や運用を学ぶことで追い付き、やがて追い越してきました。

　今、BtoBマーケティングは、徹底的にまねる時期だと私は考えています。

3-4 要因3 復興と経済発展の追い風の陰で

　前節で、日本は米国で起きた「デマンドジェネレーション革命」に乗り損ねたと説明しました。乗り損ねた直接の要因は3-1でも説明したように「マーケティングが不要な状態がずっと続いた」ことですが、ではなぜ、マーケティングが不要な状態が続いたのでしょうか。本節ではその点を説明します。私は、以下の3つの要素が連続して重なった結果だと考えています。順に説明します。

(1) 日本経済の連続的な好況
(2) 為替メリット
(3) 統制の取れた産業構造

(1) 日本経済の連続的な好況

　日本は世界に冠たる経済大国です。最近、世界第2位の地位を中国に奪われたと嘆く人も多いですが、世界約200の国や地域の中で第3位であれば胸を張ってよいと私は思います。日本はその地位を戦後わずか30年で築き上げました。全国の主要都市が焼け野原になり、社会インフラも、生産拠点も失って、7,000万人の飢えに苦しむ国民が焼け跡をさまよっていた状況から、世界第2位の経済大国になったのです。1945年の敗戦から1990年のバブル経済崩壊までの間は、戦後復興、朝鮮戦争特需、高度経済成長、バブル経済と断続的な成長が45年も続いたことになります。

　マーケティングとは基本的に「選んでいただくための行為」です。つまり需要と供給がバランスし、買い手が選ぶ自由を手にしたときに「選んでいただく」ために必要になります。1970年代くらいからBtoC分野でマーケティ

ングが活発になってきたのは、その頃から選んでいただく必然性が大きくなったからです。しかし、BtoBではその後も長い間マーケティングは必要ありませんでした。良い製品と強い営業を持っていれば売上を伸ばすことができたのです。

(2) 為替メリット

　私が初めて米国を旅行したのは大学3年の1983年でした。当時の為替は1ドル270円です。米国のレストランで見たおいしそうな朝食メニューが3ドル50セントだったことから、「米国人は朝食に1,000円も払うのか」と思ったことを今でも鮮明に覚えています。日本円はその後高騰し続け、10年後には80円になりました。3ドル50セントの朝食は280円、為替の変化を痛感したものでした。

　戦後復興時の1949年から1971年までの22年間、1ドルは360円の固定レートでした。戦争の興味深い一面は、戦勝国が敗戦国の国民の面倒を見なければならないことです。三国同盟のイタリアとドイツが連合軍に降伏した後も日本は世界を相手に孤軍奮闘していましたが、原子爆弾により無条件降伏しました。世界史の常識で考えれば二度と立ち直れないレベルのダメージを負って敗戦したのです。

　敗戦後は米国が主導で政策を立てて実行します。占領下で餓死者や凍死者を出すわけにいきませんから、米国は食糧や燃料などを支援します。ただ、当時日本には7,000万人もの飢えに苦しむ国民がいたのです。この国を早期に復興させないとずっと面倒を見ることになると考えた米国は、当時紙くず同然だった日本円の為替レートを1ドル360円で米国政府が単独で保証する政策を採りました。現在の為替から見れば4倍近いレートです。

　その一方で、日本は独自の技術でゼロ戦や戦艦大和を造り、それで世界を相手に戦った第一等の工業国でした。復興が始まり、朝鮮戦争の特需や国内

市場の旺盛な需要によって生産体制が整ってくると、為替のおかげで「日本製品は品質が良くて安い」という評価が確立され、世界中で飛ぶように売れたのです。

　このような圧倒的なアドバンテージを持っているとき、マーケティングは必要ありません。

(3) 統制の取れた産業構造

　「日本は最も成功した社会主義国家である」と米国の経済学者が言っていたことがあります。そう揶揄（やゆ）されるくらい、統制の取れた産業構造ができていました。日本をけん引してきた自動車産業で言えば、「系列」が存在しました。系列に入っていれば、指示書のスペック通りに製造し、期日までに納品すれば全量を買い取ってもらえました。しかもティア０と呼ばれるトヨタ、日産、ホンダ、三菱、マツダなどが成長を続けていましたから、そこに納品するティア１から下の系列企業はマーケティングなど考えなくても、製品の品質や生産技術を磨き上げ、コストダウンや軽量化などの厳しい要求に応えていれば注文がどんどん増えたのです。

　そうした状況では、日本企業がマーケティングの必要性を感じることはなかったはずです。

　日本の系列の企業がマーケティングの重要性を感じたのは、米国で起きたサブプライムクライシス（リーマン・ショック）の時からでしょう。この時、多くの企業が親会社から「自分の餌は自分で見つけるようにしてください、今後は今までのように発注できなくなるから」と言い渡されたのです。

　ドードーという鳥をご存じでしょうか。マダガスカル沖に浮かぶモーリシャス島にいた絶滅した鳥です。シチメンチョウより大きくて重い巨大な鳥で、天敵のいない絶海の孤島でのんびり暮らしていたので、翼は退化して飛

ぶことができず、自身の体重のせいでヨタヨタ歩き、地上に巣を作ってのどかに暮らしていました。しかし1600年代に入植者が入って来て航海の保存食用に乱獲され、さらに彼らが持ち込んだ犬や猫やネズミが天敵となってあっという間に絶滅してしまいました（**図表3-4**）。

　私は、現在の日本企業はドードーに似ていると考えています。マーケティングの必要が無く成長を続けられる環境が半世紀も続いた結果、すっかりマーケティングを退化させてしまいました。巨大化した体を持て余してヨタヨタ歩く姿は、意思決定の遅い日本企業そのものです。

　海外市場での為替優位性も、国内市場での消費の成長も完全に止まったリーマン・ショック以降の日本企業は、ドードーを襲ったのと同じ悲劇に見

図表3-4　ドードー

舞われています。入植してきた人（外資系企業）の食料として乱獲され、彼らが連れてきた天敵（デジタル）によって安住の地を追われつつあるのです。

　マーケティングという翼と牙を持った敵に対して、マーケティングの組織もその責任者であるCMOも持たない日本企業は歯が立ちません。気が付けば海外市場はもちろん、国内でも外資系企業と戦って勝ち残っている分野はわずかです。

　コンピューターのコア技術であるCPUも、動かすオペレーティングシステム（OS）も、そのOSの上で動くアプリケーションも米国製です。日本は今でも「ものづくり大国」ですが、その設計や解析に使われるソフトウエアはフランスかドイツか米国製です。かつては日本製の競合製品も存在しましたが、良い製品やサービスを持っていてもそれを売るマーケティングがなかったために負けてしまったのです。

　日本企業がドードーのように絶滅しないためには、マーケティングを早急に強化するしかありません。今のように製品のスペックと営業部門の汗と足だけに頼っていては、竹やりで機関銃や大砲を持つ敵と戦おうとした太平洋戦争末期の日本の二の舞いになってしまいます。

　今、日本企業はマーケティングにもっと投資すべきです。マーケティングのノウハウを蓄積し、人材を育て、組織を構築することを大車輪で断行し、企業全体のマーケティング偏差値を上げるべきなのです。躊躇したり先送りしたりする余裕はもうありません。

3-5 | 要因4 戦略なきシステム導入—アンゾフ博士が泣いている—

　イゴール・アンゾフ博士をご存じでしょうか。1918年にロシアで生まれた米国人で、1960年代から1970年代に活躍し、多くの論文と歴史的な著作を残した人です。物理学や数学の学者であり、ランド研究所で研究員を務めた後、ロッキード社の副社長として大企業の経営にも参画し、さらに大学教授としてもコンサルタントとしても活躍しました。アンゾフマトリクス、ギャップ分析、3Sなどの理論が有名で、現代の経営戦略論の源流に位置する1人と言ってもよいでしょう。

「何を基準にそのシステムを選んだのかね？」
　アンゾフ博士は企業経営の要諦として、「3S」を提唱しています。

・Strategy　（戦略）
・Structure　（組織）
・System　（システム）

　私はこの3Sを、「戦略を立て、それを実現する組織を構築し、その戦略と組織を要件定義にしてシステムを選択・開発すべきである」と解釈しています。もちろん戦略は目的を達成するためであり、目的とは経営戦略の達成です。

　第2章で説明したように、日本では2014年からMAが導入され、既に約4,000 ～ 5,000社が導入してますが、多くの企業は十分に練られたマーケティング戦略を持たず、それを実現するための組織も持たず、MAシステムだけが先行して導入されています。それでは、MAを活用して成果を出せるわけ

がありません。

アンゾフ博士から見ても、盟友で「組織は戦略に従う」を提唱した同時代の経済学者A・チャンドラーから見ても、戦略も組織も無いのにシステムだけが導入されているのはおかしな話で、もし2人が生きていれば、「何を基準にそのシステムを選んだのかね？」と質問するでしょう。

戦略と組織は「あや織り」の関係

BtoBマーケティング未経験の人を社内外からかき集めてマーケティング部門をつくり、MAを導入したとしても、その使い方は誰も知りません。ここで言う「使い方」とは、MAシステムの操作方法ではありません。クラウドソリューションの操作は難しくはなく、ノウハウと言うほどのものはありません。そうではなく、MAを使って良質の案件を営業、販売代理店、海外の現地法人に安定供給し、売上に貢献するノウハウを指しています。

MAは売上貢献の道具です。道具は便利で大事ですが、道具を選ぶ際の基準は、実現したい戦略と、道具を使う組織であるべきです。どちらも持たない企業が導入すれば、MAは本来の目的とは異なる単なるメール配信システムに成り下がってしまうのは当然のことです。戦略と組織は「あや織り」の関係です。どんな戦略であっても、実行するのに十分なスキルとリソースを持った組織がなければ実現できません。

改善方法は1つしかありません。ただ人を集めるのではなく、きちんと人を育てることです。やる気に満ちあふれた人を集め、適性を見て選考し、選んだ人に学ぶ機会を与えるのです。将来的に自社の戦略を実現したいのであれば、今、マーケティング人材に投資するしか道はありません。

3-6 | 要因5 幻のロングテール

　日本の大手BtoB企業でマーケティング（特にABM）の推進を阻んでいる原因の1つに、「ロングテール」があります。

大手BtoB企業に「ロングテール」は当てはまらない

　会社がマーケティングを推進・強化しようとしても、アカウントセールスは自分と顧客の関係に手を突っ込まれたくないと考えます。ただ、「今どきマーケティングは不要」と言う訳にもいかないので、考えたアカウントセールスが使う常とう句は「既存のネームドアカウント（大口顧客）は私たちが守るから、マーケティングはロングテールをやってください」なのです。私はこの言葉を何度聞いたか分からないほどです。

　しかし、大手BtoB企業の場合、そもそもロングテールは存在しないことが多いのです。

　ロングテールとは、2000年ごろ、情報誌Wiredの編集長だったクリス・アンダーソンが、当時勃興してきたオンライン企業（Amazon.comやeBayなど）の売上構成比率を説明するために使った言葉といわれています。

　Amazonの書籍であれば、縦軸に年間の購入書籍数、横軸に購入冊別の分布を取ってグラフにすると、そのグラフの形が恐竜のシルエットのようになるのです。年間100冊以上が「頭」、年間で36冊以上99冊未満が「胴体」、年間1冊以上35冊未満を「尻尾」（テール）とすれば、尻尾の長さは尋常ではなく、この長い長い尻尾を合計すると頭や胴体をはるかに超えてしまうのです。

　このようなビジネスモデルですから、典型的なBtoCモデルか、BtoBであれば顧客単価の安いサブスクモデルであれば当てはまりますが、一般に製品単価の高い大手BtoB企業には当てはまらないモデルです。

大手BtoB企業に当てはまるのは「パレートの法則」

　大手BtoB企業に当てはまるモデルは、「パレートの法則」です。

　「パレートの法則」とはイタリアの経済学者V・パレートによって1900年代初頭に提唱されたもので、「2：8の法則」などとも呼ばれています。本来は富の偏在を立証するためにパレートが考案したといわれていますが、現在は「売上の80％は上位20％の顧客からもたらされる」「売上の80％はトップ20％の営業パーソンが稼いでいる」といった解釈がされています。

　現在多くの航空会社が導入しているマイレージプログラム（マーケティング的には「フリークエンシープログラム」と呼ぶ）は、アメリカン航空が顧客分析をした際、パレートの法則が当てはまることを発見し、上位顧客を囲い込むために始めたのが起源です。このプログラムの重要な点は、お金を払った人や企業ではなく、実際に搭乗した人にポイントが付与されることです。そうすれば、会社の経費で飛行機を利用するビジネスパーソンをグリップでき、同じ路線を持つ航空会社の中から自社を選んでもらえるようになるという訳です。BtoBでありながらチケット選択権を持つ個人をグリップするために考え出されたマーケティング手法であり、これにより、アメリカン航空は大幅に売上を伸ばすことに成功しています。

案件単価が400万円以下なら営業は動かない

　ロングテールに話を戻します。アカウントセールスの言葉に乗ってロングテールを対象にしたとします。取引額が小さい企業を相手にするわけですから、どんなに頑張っても経営幹部から評価されることはありません。例えば、売上1,000億円の企業が鳴り物入りでマーケティングを始め、代理店も追わ

ないような零細な顧客との取引ばかりを追って年間で数百万円の受注を獲得しても、社内評価には値しないのです。

BtoB企業の販売チャネルには、「案件単価」によるセオリーが存在します。案件単価とは受注から1年以内に獲得できる売上の合計金額です。例えば、ITなどに代表されるハイテク関連では、案件単価400万円が直販営業の下限といわれています。大手企業の営業が抱える販売予算の平均は、1人年間数億円から10数億円というところでしょう。ですので、案件単価が低い商材だと、予算を達成するために数多くの受注が必要になります。そこで案件単価が400万円以下の製品やサービスはチャネル、つまり販売代理店を活用することになります。

代理店は、口座を持つ既存顧客を頻繁に訪問し、複数の商材を販売します。取り扱う商材が多いほど販売効率が上がるので、比較的低単価の商材でも扱いますが、案件単価が30万円を下回ると代理店の営業の動きも鈍くなるといわれています。低価格の商材であっても、販売やアフターフォローにかかる手間はそれほど変わらないことが多いので、割に合わない商材となってしまうのです。

案件単価が30万円を下回る商材は、オンラインとインサイドセールスを組み合わせた「非対面」での販売が向いているとされています。ここが「ロングテール」の世界です。案件単価10万円以上の商材ならオンラインとインサイドセールスを組み合わせて販売し、10万円以下の商材だとインサイドセールスを動かすコストも出ないのでオンラインのみで設計されることもあります。

マーケティングを始めるなら"本丸"から

では、企業が伸ばしたいと考えているのはどこでしょうか。代理店に動いてもらう400万円以下のゾーンか、オンラインで売り切る30万円以下のゾー

ンか、それとも2,000万円、5,000万円、数億円のゾーンでしょうか。言うまでもなく、企業の中の花形は高額案件のゾーンであり、伸ばしたいのも、優秀な人が集まっているのもここです。

　ですから、「マーケティングを始めるならロングテールをやってください、よろしくお願いします」という言葉を翻訳すると、「マーケティングなんて必要ないけど、経営幹部はどこかでだまされて必要だと勘違いしているようなので、私たちの邪魔にならないところでロングテールをやっといて」ということになります。そしてそこで成功したとしても、何の評価もされないことが多いのです。

　マーケティングを始めるなら、断じて"本丸"からです。本気でやるとはそういうことです。経営者が「ロングテールからやる」と言えば、それは「本気じゃないよ」という全社へのメッセージになってしまいます。

3-7 | 要因6 ビジネスパーソンのマーケティング偏差値

　お客様の会社でよく耳にする言葉に、「品質は良いのに売れていない」があります。そんな時、私は質問します。

「それは誰にとっての品質ですか？」

　多くの場合、この質問の答えは競合製品とのスペック差であったり、自社の技術的な優位性であったりします。もし正しくトレーニングされたマーケターが居れば、「こういう業種のこんな規模の会社で、その中のこんな部署の中でこんな課題を持っている人が大勢いて、その人たちにとってこれはこういうふうに良い製品です」と説明するでしょう。言い古された表現で言えば、これが「マーケットイン」です。

マーケティングの基本は、ビジネスパーソンの共通知識

　マーケティングの最も原典的で普遍的なフレームワークに「STP」があります。もう40年も前にフィリップ・コトラーが提唱したものですが、この基本中の基本すら正しく理解している企業は少ないのが実情です。

　詳しくは第5章で説明しますが、簡単に言うと、「S」はセグメンテーションで、製品やサービスの市場を細分化するプロセスです。「T」はターゲティングで、細分化した市場の中から、自社の製品・サービスが勝てる土俵（ターゲットセグメント）を探すプロセスです。「P」はポジショニングで、ターゲットセグメントの中の企業や人々に対して、自社がここをターゲティングしたことを宣言し、なぜ自社の商材・技術・サービスはこの市場の中の課題を競合商材よりもより良く解決できるのか、というポジションを説明するプロセ

スです。

　こうした基本的なフレームワークは、マーケティング部門の人だけでなく、もはやビジネスパーソンの共通知識であるべきです。実際、米国や欧州のビジネスパーソンの多くは、これらをビジネススクールで学んでいます。ビジネススクールは経営者を育成する学校ですから、人事、財務、生産、営業、そしてマーケティングの基本的なフレームを教え、各分野の専門家の話を理解し、指示を出しレポートが読めるところまでを学ばせます。経営幹部の大半がマーケティングの基礎的な理解と共通言語を持っていれば、それは非常に大きなアドバンテージになると私は考えています。

　1870年に勃発した普仏戦争は、プロイセン王国とナポレオン3世率いるフランス帝国の戦争でした。ナポレオン1世時代に欧州を席巻した栄光を背景にしたフランスと、分裂したドイツの中の1国との戦いでしたが、結果はプロイセンの圧勝に終わりました。その勝因は兵力でも兵器の質や量でもなく、作戦参謀と指揮官のレベルの違いだったといわれています。大モルトケが創り上げた欧州唯一の参謀本部を中心にした指揮命令系統と、それを具現化し現場で指揮する士官たちによる組織力で圧勝したのです。

マーケティングの戦いは、プロの職人の世界

　どんな世界でも、アマチュアはプロに勝てません。もし勝てるとすれば、本質的にプロの技量が不要な状況のときだけでしょう。例えば、ゴルフのオンラインゲームならばアマチュアがプロゴルファーを倒すことがあるかもしれませんが、実際のコースに出てしまえば、アマチュアがプロに勝てる見込みはほとんど無いはずです。

　世界のBtoBマーケティングは、20年前にプロ職人の世界になりました。米国でCMOの平均在任期間が2年を切ったと話題になったのは2010年のことです。米国・ニューヨークでBtoBマーケティング専門のヘッドハンター

をしている友人は次のように話してくれました。

「ROMIの目標を2年連続で達成したCMOは、ほぼ例外なく良い条件でヘッドハントされる。2年連続で落としたCMOは、ほとんど解雇される。だから真剣勝負だし、優秀な人は3年に2回のペースで転職を重ねてキャリアアップしている」

　まさに、現在のBtoBマーケティングは「包丁一本さらしに巻いて」の職人の世界です。では、日本企業はどうするべきなのでしょうか?

　企業経営者はマーケティングのプロフェッショナルを育成するか、外部からプロを引っ張ってくるか、プロ集団と契約するか、あるいはそれらを組み合わせて組織をつくるか、いずれかを選択しなければなりません。

　プロを育成するには時間とお金がかかります。良い環境と指導者を用意しなければ育成できないからです。外部から経験豊かなプロを招請する、あるいはプロ集団と期間限定で契約する意味はここにあります。

　内部での育成を待つ余裕が無いなら信頼できるプロ集団と契約し、アウトソーシングを中心に組織を構築するしかないでしょう。その場合でも社内にカウンターが必要ですから、1〜2人のマーケティング人材の育成は必須です。プロ集団と契約するにはもちろんお金も必要ですが、今の日本では、絶対数の少ない腕の確かなプロ集団を探す方が難しいかもしれません。

　いずれにしても経営者が決断し、予算を確保し、アクションを起こさなければなりません。でなければ日本企業はマーケティングの貧困が理由で競争力を落とし続けることになるでしょう。アマチュアでも何とかなった時代はもう終わったのです。

3-8 | 要因7 日本式人事ローテーションの弊害

　日本の製造企業がマーケティングに取り組む際、前提にしがちなのが「内製化」です。マーケティングをアウトソーシングせずに社内でやりたいという企業は多いのです。技術やノウハウの大切さを知っている製造業なら当然のことですし、私はとても良いことだと考えています。中には率直に「3年後をめどに内製化をしたいので、それまでに御社のノウハウをうちのチームに伝授してくれませんか」という申し出もあります。

人事ローテーションから外せないならプロ育成はできない

　そんな時、私は条件を付けます。

「マーケティングチームのメンバーを人事ローテーションから外してください。ナレッジを蓄積してプロフェッショナルを育成するなら、ローテーションすべきではありません」

　この条件をクリアできる企業は意外なほど少ないです。そもそも研究開発や設計などの専門職で採用された人は別ですが、そうではない人をローテーションから外すのは企業の枠組みを変えることになり、マーケティングに取り組む事業本部長クラスであっても荷が重い話なのだそうです。

　人事ローテーションから外せない場合は、アウトソーシングと社内チームのハイブリッドでデマンドセンターを構築・運用する方法もあります。外部のアウトソーサーは法人ですから、解約しなければ連続性は保てます。ナレッジが途切れて経験が継承されないリスクを防ぎ、急な人事や転退職、産休などで戦力ダウンしたパートを迅速に穴埋めすることも可能です。今は派遣法

が改正され、長期派遣契約が難しくなりましたので、チーム内に派遣を入れると自動的に短期ローテーションになってしまいます。これとローテーションで転属する正社員を合わせると大半が3年以内にいなくなることになり、プロフェッショナルな組織にはなりません。そこをプロ集団で補完する考え方です。

将来性がある社員をマーケティング部門に集結させる覚悟

どうしてもマーケティングのすべての機能を内製化したいなら、特別職として人事ローテーションから外してもらうことです。

私がお手伝いした企業の場合、トップマネジメントと直接話をさせていただき、社内にプロフェッショナルを養成してそのメンバーでマーケティングを内製化するとはどういうことか、どんなメリットがあり、デメリットやリスクがあり、どんな投資が必要でそれをどう回収するのかを説明し、マーケティングの内製化を社内決定してもらいました。

こうした社内調整をした上で、人選から関わらせてもらいました。マーケティングは、戦略プランニング、キャンペーン設計、データマネジメント、コンテンツマネジメント、アナリティクス、インサイドセールスなど職種は多岐にわたり、これにイベント、デジタルメディア、広告などを合わせると、数十人から成る専門家集団になります。それぞれに異なる適性があるので、できるだけ見極めて人選します。

世界のBtoB市場は、マーケティングで勝負が決まる時代になっています。企業内でマーケティングを内製化するということは、最も優秀で将来性がある社員をマーケティング部門に集結させるくらいの覚悟が必要です。

3-9 | 要因8 企業戦略と異なる営業・代理店の正義

　現在の主力商品がプロダクト・ライフ・サイクルの成熟期から衰退期に差し掛かる前に、企業は新たな製品・サービスを育てておくものです。そのために製品開発に投資する、もしくは自社には無い製品やサービスを持つ企業を買収して自社のラインアップを拡張します。

社運を懸けた新製品・新サービスが売れない理由

　未来を創るために投入される新製品・新サービスは「戦略商材」とも呼ばれますが、これらは大苦戦してなかなか立ち上がらない企業も多いのです。その理由を表面的に営業部門の責任にしていては、問題は解決しません。営業が戦略商材を売らないメカニズムに目を向ける必要があります。

　現在の主力製品のライフサイクルを考え、大きな投資をして新製品や新サービスを投入した企業の判断は間違っていません。でも、営業の「正義」は別にあります。「予算達成」です。優秀な営業ほどそこに集中し、こだわりを持っているものです。

　予算達成意欲の高い営業が通う先は、既存顧客の既に取引がある部署です。確実に数字がつくれるのはそこからです。そして、売り込む製品やサービスも既存製品です。確実に数字が積めるのは、実績のある製品やサービスだからです。売れるかどうかも分からない新製品・新サービスではありません。こうして、予算達成している営業ほど新製品や新サービスを売らないという構造が出来上がるのです。営業の世界では、売った人がヒーロー／ヒロインです。他の営業もその人たちを見て影響を受け、自分もまねをして予算を達成できるようになろうとします。

企業としては、努力して予算を達成している営業にペナルティを与えることはできません。営業の達成意欲やモチベーションが会社を支えているからです。

　しかし、新製品や新サービスは、今までとは違う事業所や部署に行って、会ったことのない人に会わなければ売れないものです。最初は空振りも多く、常に無駄が存在します。予算を達成できない期間が長くなります。もし企業がそこに配慮しなければ、誰も新製品を売らないでしょう。

　こうして「売れなかった戦略商品」が積み上がり、財務諸表のバランスシートに開発費や買収時ののれん代が重くのしかかってきます。多くは利益が出た期の決算で「特損」として落とされ、税金対策として役割を閉じることになります。

　「優秀な営業は、自分の顧客に新製品を売ってくれるに違いない」と考えるのは甘いと言わざるを得ません。絶対に予算を達成しようと考えて行動する営業にとって、新製品・新サービスは数字が読めない商材なのです。その矛盾を改善しない限り、売上を伸ばすことは難しいでしょう。

販売代理店が売りたい商材、売りたくない商材

　販売代理店にも同じことが言えます。どんなに優秀な代理店でも、売ってくれる商材と売ってくれない商材があります。端的に言えば、代理店が売りたい商材は以下の３つの要素を満たしたものだけです。

(1) きちんとマーケティングされている商材
(2) 案件単価が高く、最低でも30万円以上の商材
(3) 手離れが良い商材

　代理店は基本的にマーケティングをしません。販売、納品、代金回収はし

ますが、マーケティングはメーカーの仕事です。もしメーカーがマーケティングに適切な投資をせず、そのせいで顧客が製品（またはその製品の優位性）を知らなければ、代理店もそうした製品を売ることはしないでしょう。

　前述したように、一般的に代理店が取り扱うのは案件単価（受注してから1年以内に期待できる売上）が400万円以下の商材です。代理店はエリアの中に顧客を持ち、営業が巡回しながらクロスセル商材として販売するため、案件単価は比較的低くてもよいのですが、それでも30万円を下回る商材は敬遠されます。結局300万円でも30万円でも売る手間は変わらないからです。

　また売った後が面倒な製品やサービスは、「手離れが悪い商材」として嫌われます。特に代理店にとって顧客は財産ですから、その顧客からの信用を損ねるような商材は決して売りません。利用開始時や運用、メンテナンスにサポートが必要な商材を代理店に売ってもらうには、メーカーがカスタマーサポートなどの仕組みを用意する必要があります。サポート体制が脆弱な新製品を売ることはリスクなので、代理店は積極的に販売しようとはしないでしょう。

　優秀な営業部門がある、もしくは優秀な販売チャネルがあるから新製品や新サービスが売れないはずがない、として市場に投入されたこれらが売れない理由は、こうしたメカニズムを理解していないからなのです。

3-10 | 要因9「逃げ切り族」対策はトップが実施

　「逃げ切り族」と呼ばれる人たちが日本企業の変革を阻害している、という話を一度は聞いたことがあると思います。逃げ切り族とは、今のままでは駄目なことは分かっていても、自分の定年まではリスクのある変化を嫌い、改革の芽を潰す人たちのことです。大企業の役員や、子会社に転出してそこの役員に納まった人が、一定の確率で感染するある種の疫病だそうです。残念ながら、逃げ切り族は実在します。私の経験をお話しします。

「レベルが低過ぎてマーケティングなんかできるとは思えない」

　世界的な大企業から関連会社の常務に転籍した方がいました。1,000億円弱の売上があるその企業では、若手を中心にマーケティング改革に取り組んでいて、私は勉強会に何度も招かれていました。ある時、常務から「ぜひ会いたい」とお招きいただきました。常務は、私のマーケティングの経歴を褒めてくださった後で、「ところで、率直に言ってウチでマーケティング改革ができると思いますか?」と聞いてきました。

　話を聞いているとだんだんと本音が出てきて、本社のエリート畑を歩いてきたその人から見ると、「この関連会社の人はレベルが低過ぎてとてもマーケティングなんかできるとは思えない」ということでした。そして、こんなことを言うのです。

　「MAが欲しいとか、Webをリニューアルしたいとか言い出しているが、そんなことは親会社の指示通りにすればいいんですよ、ここは頭じゃなくて手足なんだから、手足が勝手に考えたら困るでしょ?」

　熱心に会社を変革しようとしているこの会社の若手の顔が目に浮かんで悲しくなりました。実は私はその会社の親会社のコンサルもやっていました。両社社員の学歴や入社時の適性検査の点数は知る由もありませんが、少なくともマーケティングに関してはどちらの社員も遜色の無いレベルでした。

　それに、人の体の中で頭だけが考えているというのは人体に対する理解が足りな過ぎます。人の細胞は記憶媒体であると同時に演算処理能力も併せ持っているというのが現代の知識です。

「晩節を汚したくない私の気持ちは分かるでしょう」

　ある大手金融機関の専務に呼ばれたときはもっと驚き、悲しくなりました。その金融機関ではやはり若手を中心に勉強会を繰り返していましたが、提案書を上げる度に専務に突き返されていました。有名大学の金融工学の博士号を持つ人ですから若手では歯が立たなかったのです。何度かそれが繰り返されて、私が直接会うことになりました。

　本社の豪華な役員応接に通された私を、専務は柔らかい笑顔で迎えてくれました。プロジェクトチームのメンバーから聞いていたイメージとは違って見えました。「私が彼らの提案を潰すのをどう見てました？」と聞かれたので、「御社が本当にグループ統合で顧客企業を囲い込みたいとお考えなら、グループ横断のマーケティング組織が必要です。そこに顧客情報を集約して、顧客ニーズを拾い上げる仕組みが無ければ実現しないと私は考えています」と説明しました。その後、専務は顔色を変えずにゆっくりと説明してくれました。

「あなたの考えは正しい。あのプロジェクトチームの言ってることも理解できるし、正しい方向だと思っていますよ。でもね、この会社でそれをやろうと思えば高いハードルがいくつもあります。グループ会社と言ったって仲が良いわけじゃない。何かを始めればハチの巣をつついたようになるでしょう。

それをやりたいと彼らは言う。私はね、この銀行で40年働いてきました。人付き合いが下手で社長にはなれなかったが、その銀行マン人生もあと2年で終わるんです。今、リスクの塊のようなこのプロジェクトを進めたくはない。晩節を汚したくない私の気持ちは分かるでしょう。だから私がいなくなったら自由にやってください。でも私が担当専務の間は何度持ってきてもやらせない。それだけです」

　いつもしょんぼり帰ってくるプロジェクトメンバーの顔が目に浮かび、私は反論しました。

「お気持ちは分かりました。しかし、あなたの後任がまた同じことを言ったら、この会社でマーケティングは永遠に立ち上がりません。それでは、この後15年、20年と、この銀行で過ごす若手がかわいそうではありませんか？」

　専務は「私が退任した後のことを心配されても困りますね」と言って笑いながら席を立ちました。

　新卒採用、終身雇用が主流の日本企業には、「逃げ切り族」はまだしばらく存在します。会社のマーケティングを背負うべき優秀な人材は、「この会社にいてもスキルアップできない、変革には10年かかる」と感じれば、躊躇<ruby>躇<rt>ちゅうちょ</rt></ruby>なく転職を選ぶでしょう。

　ではどうすればいいのでしょうか？

　私は、取り除くしかないと考えています。解雇はしないまでも配置転換し、若手の芽を摘まない場所に移すべきです。それができるのはトップマネジメントだけです。マーケティングを立ち上げる優先順位が高いなら、障壁は絶対に取り除くべきです。もちろん慎重さも必要ですが、現場の人と対話して誰が障壁になっているかを聞き出し、取り除いていかなければなりません。

　逃げ切り族の存在が小さなウチは取り除けますが、あちらこちらに影響を
与え大きな存在になると手が付けられなくなります。そうなる前に、トップ
マネジメントは勇気を持って決断することが必要です。

第 4 章

世界に追い付く戦略的思考

日本企業は、「ブルーカラーの生産性は世界一流だが、ホワイトカラーの生産性は三流以下」とよくいわれます。ホワイトカラーを指して、意思決定の遅さ、責任の曖昧さ、硬直した官僚体質などの指摘も多く耳にします。マーケティングの視座から見れば、それは「戦術と戦闘は強く、戦略が弱い」ということです。

　まるで第2次世界大戦の日本そのものです。北はアリューシャン列島から南は南太平洋まで制空権や制海権を広げましたが、補給ルートなどを考慮せずに部隊を分散配置したため、結局どこの戦いでも援護・補給が間に合わず玉砕が続きました。

　なぜ日本人は戦略が弱いのでしょうか。歴史上の戦略家と言えば、西洋ではアレキサンダーやハンニバル、ナポレオンがそうでしょうし、日本史では源義経や織田信長などでしょう。ビジネスの世界で言えば、ジョン・D・ロックフェラーやスティーブ・ジョブズ、松下幸之助、盛田昭夫、稲盛和夫などです。こうした戦略の「天才」がいるのは間違いありませんが、実は戦略はトレーニングで磨くことが可能です。多くの経営者は、トレーニングによって戦略的思考回路を獲得し、成功を収めていいます。

　日本企業の経営層は、戦略的思考を磨く機会に恵まれなかったのだと、私は考えています。そこでこの章では、日本企業がマーケティング先進国に追い付くために必要な、戦略的思考とはいかなるものかを解説します。

4-1 ｜ 戦略的思考回路

　マーケティングは経営戦略の根幹を成すものです。戦略という言葉を正しく学ぶには、「戦略」の発祥である戦争を学問的に学ぶ必要があります。戦争には目的があり、戦略があり、戦術があり、戦闘教義があります。それらが連携していないと大きな損耗となり、敗北につながってしまうのです。第2次世界大戦での日本の負け戦の象徴として語られるガダルカナルやインパール作戦は、連携の破綻を「精神力」で補おうとして招いた悲劇です。実は今の日本企業には、これに似たケースが多いように思います。

敗戦と共に戦略を捨ててしまった？

　「戦略」という言葉は一般名称としてとてもよく使われますが、この言葉が明確に定義されて使われている文脈や会話は多くありません。これは敗戦したことと関係があるのかもしれません。第2次世界大戦で世界を相手に戦い大敗した日本は、戦争アレルギーの国になりました。その結果、戦略的な思考回路まで一緒に捨ててしまったのかもしれません。

　戦争は決してしてはならない最たるものですが、戦略的思考まで嫌う必要はありません。ビジネスは血を流さない戦争です。ならば、そこに戦略的思考回路を持たずに迷い込めば、生き残ることはできません。マーケティング偏差値を上げるために必要なのは「戦略的思考回路」です。

　あなたの会社の顧客は常に多くの競合に狙われています。もし上位の顧客を奪われれば会社の規模を縮小しなければならず、奪われ続ければやがては倒産に至るでしょう。大切な社員を解雇し、資産を売却しなければ存続すらできなくなります。狙われているのは顧客だけではありません。優秀な社員、

技術、そして流通チャネルすら競合に狙われています。

ブルーオーシャンは一過性の幻

　そうした血なまぐさい戦いを忌避するために「ブルーオーシャン戦略」なるものがもてはやされた時代がありましたが、「一過性の幻」だと私は考えています。そこに本当においしい餌があるなら、一瞬は独占できたとしても、いずれ必ずレッドオーシャン化します。もし競争の無い世界が実在するとしたら、そこは「死海」のように塩分濃度が高く魚が住めない死の世界か、政治を巻き込んだ利権の世界を構築したかのどちらかです。

　当社は長い間、「死海」に浮かんでいたようなものです。日本にはBtoBマーケティングなどという市場はいまだ存在しなかった1990年に創業したためです。当時は「BtoBにフォーカスですか？　ブルーオーシャン戦略ですね」と何度言われたか分かりません。実際は魚のいない飢餓の世界で、外資系のハイテク企業を顧客として細々と生き延びていました。

　2014年にMAが日本に上陸した頃から日本にもBtoBマーケティングを専門とするサービス企業がいくつか誕生し、外資系企業も進出してきました。その時は「せっかくブルーオーシャンだったのに競合が増えましたね」と同情されました。2020年の今は毎週のようにBtoBマーケティングをテーマにしたウェビナーやオンラインカンファレンスが開催されています。まさにレッドオーシャンになった訳ですが、私にとっては今の方がはるかに心地よく、もう二度とブルーオーシャンと言われた時代に戻りたくありません。

　豊穣の海は常にレッドオーシャンです。プランクトンが豊富だから小魚が集まり、小魚を求めて大型の魚が、それを求めてサメやカジキが、そして人が集まります。それが本来の魅力的な市場の姿です。ただし、競争が激化すれば、そこで生き残ることは難しくなります。適者生存の原理が働き、弱者は退場を求められます。

　生き残るためには企業の「マーケティング偏差値」を上げ、マーケティングの基礎的な用語やフレームを社内で共通言語化し、強い企業にならねばなりません。

4-2 目的、戦略、戦術、戦闘、そして戦闘教義

　マーケティングが必要なのはマーケティング会社も同じです。広告代理店やPRエージェンシーが必ずしも強いブランドを持っていないように、マーケティングサービス会社がマーケティングを得意としているとは限りません。むしろ紺屋の白ばかまの方が多いと言えます。

　当社が30年生き延びることができた理由は、社員がへきえきするくらいマーケティングを学ばせているからです。マーケティング偏差値が高いといってよいでしょう。その学びの中でも重点的に学ばせているのは、「戦略と戦術と戦闘と戦闘教義」です。これらを正しく理解していないとマーケティング戦略を扱うことができないからです。

戦略や戦術の言葉の定義

　理解するためには「戦略」や「戦術」といった言葉を正しく理解することが第一歩です。まずは言葉を定義します。

【目的】

　多くの場合、戦争は政治の手段として使われます。ですから必然的に目的が存在します。目的とは戦争によって手にしようとする地域、立場、権益などです。

【戦略】

　目的を達成するための基本的な計画であり、「人」「もの」「金」「時間」「ネットワーク」「情報」などの経営資源の再配分を定めたものです。マーケティング戦略は、経営戦略の一部であることが多く、従って目的は経営戦略を

実現することになります。

【戦術】

　戦略を達成するための具体的な計画であり、戦闘で勝利するために用意されるシナリオです。

【戦闘】

　戦術にのっとって実行される個別の戦いのことです。

【戦闘教義】

　戦闘を行うに当たっての決め事です。戦い方や戦法と呼ばれるもので、得意技、勝ちパターンとも言われます。

真珠湾攻撃作戦での目的・戦略・戦術・戦闘・戦闘教義

　戦略的思考を養うには、この５つの要素とその関係を理解することが重要です。第２次世界大戦で実際に行われた真珠湾攻撃作戦を例に説明しましょう。

【目的】

　欧米との外交交渉に敗れた日本は戦争へと追い詰められていきますが、陸軍ほど戦争に積極的でなかった海軍は、米国との国力の差から長期戦では勝ち目が無いと考えていました。同盟国のドイツやイタリアは当時の世界水準で見ても大した海軍力を保有していませんでした。そこで海軍は戦争の初期において、圧倒的な勝利を収めて米国の戦意を喪失させ、有利な条件で早期に講和に持って行くことを考えました。これが「目的」です。

【戦略】

　「戦略」は、真珠湾に集結している米国太平洋艦隊の主力艦を撃沈し、太

平洋地区の米国海軍力を大幅にダウンさせる、というものでした。これが成功すれば、当時欧州でドイツと戦っている英国を支援するために大西洋の艦隊を太平洋に回すことができない米国は戦意を喪失し、日本との講話に応じざるを得ない状況に追い込むことができ、目的を達成できると考えたのです。

【戦術】

戦術は、航空母艦（以下「空母」）6隻を主力とする約30隻の機動部隊を米国の警戒網の手薄な冬の北方航路で秘密裏にハワイに接近させ、空母に搭載した350機の攻撃機で奇襲攻撃を仕掛け、航空機による波状攻撃によって敵の損害を最大化することでした。これで、戦略を達成できると判断したのです。

【戦闘】

空母を発進した爆撃機、雷撃機（魚雷を搭載）を戦闘機が護衛し、編隊を組んで真珠湾に接近します。そして艦船は魚雷を主力に、地上施設は爆撃を主力に攻撃し、戦闘機は護衛と敵の戦闘機を排除した後は機銃による攻撃を加えたのです。これが戦術に基づいた「戦闘」です。

【戦闘教義】

空母と艦載航空機により、空母を中心に艦載機の作戦範囲を半径とした広範囲の制空権を握り、制空権内の艦船を空からの攻撃で撃沈することで制海権も掌握します。これが「戦闘教義」です。

戦闘教義は、戦略・戦術・戦闘を成立させるもの

ここまでの説明を読めば分かる通り、目的・戦略・戦術・戦闘・戦闘教義は、相互に関係しています。目的から戦闘まではそれぞれ上下の関係にあり、上位が下位の明確な基準になっています。目的を達成するために戦略があるの

で、戦略が成功したときには必ず目的が達成できるように設計されています。戦略を実現するための戦術が計画され、必要な資源（空母、護衛艦隊、航空機、パイロット、兵器、燃料など）が割り当てられます。そして練り上げられた戦術にのっとって戦闘が行われます。

　一方で、戦闘教義は上位下位の関係ではなく、戦略・戦術・戦闘のすべてに影響しています。そもそも、大型航空母艦とそれに搭載する航続距離の長い攻撃機、そしてベテランパイロットなどを保有していなければ、この戦略は成立せず、「絵に描いた餅」になってしまいます。つまり「空母と艦載航空機により広範囲の制空権を握り、敵の主力艦船を空からの攻撃で撃沈する」という戦闘教義を持っていなければ、戦略も戦術も戦闘も成立しないのです。

　日本海軍は、日露戦争の日本海海戦で3倍近い戦力を持つロシアバルチック艦隊をほぼ全滅させるという離れ業をやってのけました。その戦争では、山屋他人と秋山真之という2人の天才参謀が練り上げた円戦術という戦闘教義を使いました。その後、第1次世界大戦を経て、時代は航空機を主力として制空権を握った者が勝利する時代となり、日本海軍でも世界の情勢を理解していた先進的な人たちが、この「空母と艦載機」という戦闘教義を作り上げました。その中心にいたのが開戦時の連合艦隊司令長官だった山本五十六です。真珠湾攻撃は当時の山本司令長官の「ひらめき」といわれますが、真珠湾を奇襲するというアイデアはひらめきであったとしても、それを実現する戦闘教義を持っていなければ戦略にはなり得ません。戦闘教義とは長い時間をかけて考案と試験、そして準備と訓練を重ねないと使いものにならないのです。

　日本海軍はこの戦闘教義のために、大型巡洋艦や戦艦を空母に改装し、新たな空母を建造しました。空母に搭載する艦上攻撃機や戦闘機を開発し、それを量産したのです。日本の航空機製造技術を世界に示したといわれるゼロ戦の正式名称は三菱零式艦上戦闘機です。そしてパイロットを育成し、空母

機動部隊の艦隊運動を演習し、航空戦の指揮官を育成しました。真珠湾攻撃はこうした20年間の積み重ねで研ぎ澄まされた戦闘教義を使った作戦計画だったのです。

真珠湾攻撃は、奇襲として成功するも戦略的には失敗

「桶狭間と鵯越と川中島とを併せ行う」作戦といわれた真珠湾攻撃は完璧な奇襲として成功しました。

ただし、真珠湾攻撃は戦略的には失敗だったのです。この戦略の目的は「太平洋における米国海軍の戦力を、米国が戦意を喪失するレベルまで減少させ早期講和に持ち込むこと」でした。確かに真珠湾に停泊していた戦艦や巡洋艦などには大打撃を与えましたが、米国は戦意を喪失するどころか宣戦布告前のだまし討ちに憤激し、あれほど拒んでいた第2次世界大戦への参戦を決断するのです。

さらに最も大きな失敗は、真珠湾を母港にしていた3隻の米国空母を撃ち漏らしたことでした。3隻とも演習に出ていて留守だったのです。もし戦略が徹底されていたならば、機動部隊はハワイ近海にとどまり、空母を見つけ出して撃沈すべきでした。しかし、予想以上の大戦果に戦略が霞んでしまったのか、機動部隊司令官は米国空母を探すのは不可能と考えて日本に引き返す決断をしてしまいました。戦闘も戦術もうまくいったのに、戦略的に不十分であったために目的を達成することができなかったのです。

戦術が戦略を侵害したケースはABM導入でも起こった

同様の失敗は、日本企業がABMを実施しようとしたときに起こりました。ABMはターゲットアカウントからの売上最大化を目指す戦略的なマーケティングです。1つでも多くの商材を顧客に採用していただくことで売上を最大化し、結果的に競合が侵入するスペースを埋めます。そこが戦略の肝ですが、戦術として徹底されていないと、アカウントセールスは「売上予算を

達成しているから、この顧客に関しては口を出さないでくれ」と言い始めます。

　営業は予算達成にこだわる生き物で、あらゆる方法で予算を達成しようと努力しますが、「何をどの事業部に販売するか」は二の次の場合が多いのです。また、予算達成意欲が高ければ高いほど「売れるかどうか分からない商材は売らない」「買っていただけるか分からない部署や人のところには行かない」という傾向が強くなり、戦略商材が立ち上がらないという現象が起こり、戦略商材で埋めるはずだったスペースが空白となります。こうなると、競合の浸食を許してしまい、ABMはまったく成立しなくなります。戦術が戦略を侵害した例です。

　真珠湾攻撃から半年後、撃ち漏らした3隻の空母によってミッドウェー海戦で敗北し、虎の子の空母4隻と艦載機、数百人のベテランパイロットを失いました。この海戦の敗北を境に日本は敗戦に突き進むのです。

4-3 | 戦闘教義は戦いの「勝ちパターン」

戦闘教義を現代ビジネスに引き直すとどうなるでしょうか。

営業部門の人と話していると、「ここまで持って行けば半分は受注できる」「この状態になれば最低でも30%は受注できる」というポイントがあります。これが「勝ちパターン」です。これを研ぎ澄ませば戦闘教義になります。

勝ちパターンを見つけ、磨きに磨いて戦闘教義に仕上げる

同じ業界で競合製品を作っているメーカーであっても、戦闘教義は異なります。業界1位と3位の戦略は違いますし、直販中心の戦略と、販売チャネルを使う場合の戦略は違います。大事なことは、自社の環境条件や特性を十分に考慮して勝ちパターンを見つけ、それを磨きに磨いて戦闘教義に仕上げることです。

柔道の選手で言えば、多彩な技を持っている選手より、特定の得意技を持っている選手の方が世界チャンピオンになるケースは多いと思います。得意技があると、当然ライバル選手はそれを防ぐ研究を積み重ねますが、試合時間でどこかに一瞬の隙が生まれ、結局得意技で仕留められてしまいます。

得意技を磨くと言うことは、どんな相手、どんな組み手、どんな体勢からでも得意技に持って行ける練習を積むことです。それは畳の上の練習だけでなく、筋力トレーニングやランニング、柔軟体操に至るまで、ありとあらゆる行為が得意技に持って行くためのものであり、そうした準備を重ねることにより、隙が生まれた瞬間に得意技を繰り出して仕留めることができるのです。

樹脂メーカーを例にした戦闘教義

　樹脂メーカーのある素材を例にしましょう。ターゲット企業の研究開発部門の人の中で、「軽量化のために金属部品を樹脂に替えたいが、ある物性と強度の関係に不安を持っている」という人にサンプルを渡すことができれば、1年以内に30％の確率で受注に至るとします。この場合、「大企業の事業所で働く膨大なエンジニアの中から、このターゲットペルソナを見つけてサンプルを正確に渡す手法」が必要になるため、これを実現するための戦闘教義を確立します。

　仮に戦闘教義が「展示会で短期間にターゲットを含む大量の個人情報とそのパーミッションを取りながら収集し、データマネジメント、ナーチャリングを経て、営業部門が必要な数のターゲットペルソナとのアポイントを毎月安定供給する仕組み」だとすれば、この戦闘教義を使って、戦略を実現する戦術を練ります。具体的な数字を入れて設計するのです。

　出展する展示会の選定、収集する個人情報の数と質、SEO対策、ランディングページやフォームの連携と数値検証方法、収集した個人情報のデータマネジメント方法、Webコンテンツ、メルマガの事例やコールのスクリプト、訪問で持参する資料、訪問してサンプルを渡す時のセールストーク、そしてその状況を可視化するためのSFAの入力方法までの各プロセスを戦闘教義に合わせて設計します。こうして出来上がった戦術を一つひとつ実施し、検証していくのです。

マーケティングは地味な仕事

　BtoBマーケティングは非常に地味な仕事です。それはまるで、数メートル進んでは塹壕を掘り、そこで休息し、補給物資の到着を待ってまた数メートル前進して塹壕を掘るという第1次世界大戦の塹壕戦を想起させるような地味さです。華やかさもなれければ飛び道具もありません。

しかし、これらの戦闘教義にのっとって戦術や戦闘を一つひとつ極めてい
くことで、例えば各展示会（戦闘）で収集する名刺の数と質が向上します。
メルマガなら開封率やクリック率が、動画なら視聴率やインフルエンス率が
向上します。

　戦略と戦術と戦闘は整合性を持たせなければならず、それらの根底に常に
磨き抜かれた戦闘教義が無ければ成果には結びつかないのです。

4-4 ｜ Microsoftもとった「奇襲」作戦

　戦略的思考を戦史と現代ビジネスで対比して考えてみましょう。戦争でもビジネスでも、攻撃の戦術に「奇襲」と「強襲」があります。相手が迎撃の準備をしておらず油断しているところを攻撃することを「奇襲」、戦いの準備を整えて待ち構えているところを攻撃するのが「強襲」です。この後説明しますが、効果が大きいのは奇襲で、ビジネスでは奇襲が多く用いられています。まず戦争での例を示した後、ビジネスでの奇襲の事例をいくつか検証します。

「奇襲」は敵の損害を最大にし、味方の損害を最小にする戦法

　日本海軍による真珠湾攻撃を描いた日米合作映画『トラトラトラ！』の中で、攻撃開始前に映画のタイトルにもなった暗号文「トラトラトラ」を打電しているシーンがあります。史実として、真珠湾攻撃に際し攻撃隊隊長の淵田美津雄中佐はオアフ島の上空に差し掛かった時、はるか遠くの真珠湾上空に米軍の迎撃戦闘機がいないことを目視で確認し、この暗号を打電しています。この「トラトラトラ」という暗号文の意味は「我、奇襲に成功せり」であり、「我、攻撃に成功せり」ではありません。つまり「奇襲か強襲か」が何よりも重要だった訳です。奇襲は極めて効果的な戦術なので、もし奇襲が成功すればその攻撃は成功と言ってもよく、相手に甚大な損害を与えることができます。事実、真珠湾に停泊していた米国太平洋艦隊の主力艦や地上基地は極めて大きな被害を受けました（戦略的に失敗だったことは前述した通り）。

　奇襲は、味方の損害を非常に少なく抑えられる利点があります。織田信長がわずかな手勢で10倍以上の戦力を持つ今川義元を破った「桶狭間の合戦」、源義経が万全の陣形と戦力で待ち構えていた平家の軍勢を、背面の鵯越の断

崖を駆け下って打ち破った「一ノ谷の戦い」、木曽義仲が圧倒的な兵力の平氏軍を打ち破った「倶梨伽羅峠の戦い」なども奇襲の典型です。奇襲に成功すれば相手がパニックに陥るため、強襲では戦いにもならないほどの戦力差があっても勝利することができ、一方で味方の損害を最小に抑えることができるのです。

「奇襲」は敵の損害を最大にし、味方の損害を最小にする戦法で、あらゆる戦史によってその効果は証明されているものの、奇襲を戦闘教義にしている国はありません。それは、奇襲を受けた場合の被害があまりにも甚大なので、どの国の軍隊も奇襲を受けないためにあらゆる施策を講じているからです。その施策の中に国際法があり、宣戦布告前に攻撃するのは違法なのです。

盤石なPC-98に奇襲を仕掛けて勝利したMicrosoft

ただ、ビジネスに宣戦布告の義務はありませんから、現代では戦争よりもビジネスで奇襲は多く用いられています。歴史を変えるようなインパクトは、奇襲に近い形で登場することが多いのです。

Microsoft がWindows95をリリースするまで、日本のビジネスシーンではNECの98シリーズが業務用PCの90%という圧倒的なシェアを持っていました。当時はデザイナーやクリエイターはAppleのMacを使い、個人でPCを使うマニアックな人はMS-DOSを、そして会社で使うのはPC-98という使い分けが一般的でした。圧倒的なシェアを支えていたのはPC-98上で作動する膨大な業務アプリケーション群で、財務会計、管理会計、人事給与、勤怠管理、生産管理、CADなどの設計、CAMの解析など、あらゆるビジネス分野でアプリケーションやITサービスを提供するソフトウエアベンダー（ISV：Independent Software Vendor）を持ち、少なくとも国内市場ではまさに盤石に見えました。

そこにMicrosoftがWindows95で奇襲を仕掛けたのです。1995年11月23

日の夜中の0時に販売を始め、秋葉原では夜中に行列をつくってこのOSを買い求める人の熱狂がマスコミに取り上げられ、社会現象にもなりました。そしてこの熱狂を見た多くのソフトウエアベンダーはPC-98用に開発した業務アプリケーションのWindows95版を作り、これによって盤石に見えたNECの防御ラインはあっと言う間に崩れ去ったのです。

オフィスソフトでもブラウザでも勝利

Microsoftは現代において最もマーケティングの強い企業の1つです。技術という羊の皮をかぶったオオカミといってもよいでしょう。パーソナルコンピューターの開発に苦労していたIBMにOSを提供した時の巧みな契約条件がIBM/AT互換機というカテゴリーを生み、Microsoftに莫大な収益をもたらしました。さらにこのOS上で作動するビジネスアプリケーション群としてOfficeを発売し、Excelの競合製品だったLotus 1-2-3やWordの競合だった数多くのワープロソフトの息の根を止めました。

マーク・アンドリーセンが23歳でインターネットブラウザNetscape Navigatorを開発・販売して米国市場最速で上場を果たした時、インターネット時代の到来と自社の出遅れに気づいたMicrosoftは、自社ブラウザのInternet ExplorerをOSに無料で標準搭載するという荒技をやってのけNetscapeの息の根を止めました。

Barnes & NobleにとってAmazonは奇襲

クラウドの時代に入りその基盤として脚光を浴びたのはEC企業と思われていたAmazon.comのAWS（Amazon Web Services）でした。Amazon.comもマーケティングが強く、それを武器に凶暴性を発揮している企業です。米国では同社の影響で倒産や縮小に追い込まれる「Amazon Effect」や「Death by Amazon」という言葉が一般名称化しているほどです。そのAmazon.comとクラウド基盤で覇権を争っているのが同じシアトルを拠点とするMicrosoftの Azureですから、この戦いは当分目が離せません。

そのAmazon.comの創業者ジェフ・ベゾスが書籍のオンライン販売をスタートするまで、米国の書籍販売ではBarnes & Nobleという書店チェーンが圧倒的な存在でした。マンハッタンだけでも数店舗を展開し、ブロードウェイの66丁目にあった旗艦店は毎晩12時まで営業し、一日中過ごせる書店として人気を集めていました。あまりにも圧倒的な存在なので、それまで数多くあった家族経営の小さな書店の経営を圧迫して社会問題になりました。1998年に公開されたトム・ハンクスとメグ・ライアンが主演した映画「You've Got Mail」は、Barnes & Nobleと小規模書店の争いをテーマにしたラブコメディでした。

　そのBarnes & NobleにとってAmazon.comの登場はまさに奇襲だったのです。そもそも小さな書店に対するBarnes & Nobleの優位性は大型店舗による豊富な品ぞろえでした。しかしいかに大型店舗といえどもリアル店舗では在庫量に制限があります。インターネットには面積による制限はありませんから、Barnes & Nobleの優位性が最初から存在しないのです。問題は実物が手に取れず、中身を見ないで本を買わせることであり、Barnes & Nobleはこの部分でAmazon.comを侮っていました。しかしAmazon.comは、アフィリエイトプログラム（彼らの呼称はアソシエイトプログラム）というインターネット独自の仮想チャネル戦術を開発し、サービス開始から2年後には売上1,000億円を超え、米国証券市場に上場してしまいました。

　もちろんBarnes & Nobleも指をくわえて見ていたわけではなく、Amazon.comに対抗するためにオンライン通販の別会社をつくるなどの対抗措置を取りましたが、奇襲攻撃を受けた側の弱さで対応が後手後手に回り、市場をごっそり持って行かれてしまいました。Amazon.comが上場を果たした頃には既にあらゆる点で手の届かない存在になっており、66丁目の旗艦店も撤退して不名誉なAmazon Effectの第1号になってしまいました。

日本の携帯電話メーカーにとどめを刺したiPhone

　AppleのiPhoneも奇襲で競合を壊滅させた事例です。2007年1月9日に開催されたMacworld Expo 2007のステージでスティーブ・ジョブズが発表するまで、Appleがスマートフォンをリリースすることは極秘でした。もちろん、持っている技術や周辺環境から「Appleはいずれ電話をつくるだろう」とはいわれていましたが、あのタイミングで、あのスペックで、あのアライアンスで、という予測は誰も立てていませんでした。スティーブはステージ上で、「今売られているスマートフォンはスマートじゃないよね」などと散々こき下ろした後で、「iPhoneはOS Xが走るんだ」と発表して会場を熱狂の渦に巻き込みました。

　その結果、同市場で大きなシェアを持っていたノキア、モトローラ、RIM（Research In Motion）などのモバイル通信端末メーカーは完全に奇襲を受けた形になり、短期間で撤退や身売りに追い込まれました。この余波は日本にも襲来し、シャープ、東芝、三菱電機、NECなどスマートフォンへの転換を準備していた携帯電話メーカーにとどめを刺しました。

　ビジネスは血を流さない戦争です。ビジネスで奇襲を受けると、あっという間に市場シェアを失ってしまいます。戦略的思考を持たない企業は、どんなに優れた技術やフットワークの良い営業チームを持っていても、あっさり負けてしまうでしょう。だからこそ、回り道のようで実は王道である、「マーケティング偏差値アップ」を勧めているのです。

4-5 | 戦略的自由度と戦術的自由度

　第2章の「ABMは企業のリトマス試験紙」で少し書いた「戦略的自由度と戦術的自由度」について詳しく説明します。日本企業にマーケティングが根付かない、あるいはマーケティング＆セールスのDXが進まない理由はガバナンス（企業統治）だと何度か書いていますが、その本質的な原因は、この「戦略的自由度と戦術的自由度」が理解されていないことです。残念ながらこれも、マーケティング偏差値が低い企業の特徴です。

　「戦略には自由度を与えてはならず、戦術には自由度を与えなければならない」という原理原則がはっきり区別されないまま、戦略に自由度を与えてしまい、逆にマイクロマネジメントによって戦術には自由度を与えていない企業が多いのです。

戦略は、ローツェでは達成できない

　第2章で説明したように山岳会を例にします。ある山岳会は、かつては世界的なクライマーを輩出し、毎年のように海外遠征を行い、難度の高いルートを開拓しては世界的な注目を集めていました。しかし、ある時期に続いた山岳事故やメンバーの独立などでスタークライマーを失い、主要メンバーの高齢化もあってすっかりかつての輝きを失っていました。会員も減り、スポンサーも離れ、国内の小さなイベントの開催さえままならない状況にありました。その一方で、若い会員の中からは世界に通用する登山技術を持ち、チャンスを狙っている者も数人現れていました。

　そこで、山岳会の幹部は「もう一度この山岳会の名前を世界に轟かせ、低迷している会の状況を劇的に変え、その結果会員数を増やし、スポンサーを

獲得する」ことを目的に据え、「3年以内にエベレストの北壁を無酸素で征服する」と戦略を定めました。これは戦略ですから自由度はありません。「他のルートでも？」「他の山でも？」「5年以内では？」という自由度はありません。

　しかし、いつアタックするか、誰と誰をアタックさせるか、どういう装備を持たせるか、という戦術については自由度を認めなければなりません。天候やアタックするメンバーの体調、持っている技術と装備の相性などをベースキャンプにいる登山隊長が総合的に判断できなければ、事故や不具合が起きてしまいます。東京の山岳会の本部が勝手にアタックの日時や登頂する隊員を指定したら、悪天候の中を体調の悪い隊員に強引にアタックさせることになります。成功の確率は限りなく下がり、事故を起こすことになるでしょう。「変数が多い現場では、戦術的自由度を与えなければ戦略目標は達成できない」というのは、こういうことです。

　ただこの場合も、戦略に関しては自由度を与えるべきではありません。「エベレストはしばらく天候が悪いので、隣のローツェに登ります」は許容できないのです。ローツェも標高では世界第4位の山ですし、ルートによってはエベレストよりも難しく、多くの世界的クライマーの挑戦を阻んできた山です。ここに挑戦することは十分に意味がある、と現場が考えても無理はありません。しかし、エベレストは誰でも知っていますがローツェはそこまでメジャーな存在ではありません。

　「もう一度この山岳会の名前を世界に轟かせ、低迷している会の状況を劇的に変え、その結果会員数を増やし、スポンサーを獲得する」という目的はローツェでは達成できないのです。

戦術が成功すると戦略に自由度が与えられてしまうことがある

　当社の数年前のクライアントに、医療器具メーカーに機能性素材を提供し

ていた化学品メーカーがありました。耐薬品性が高く、柔軟性もあって軽量なので医療用のチューブなどに採用されていました。この会社が長年の念願だった自動車産業に進出したいと相談にいらっしゃったのです。何回かのディスカッションとワークショップの結論として、ハイブリッドやEV自動車のハーネスの被服材にターゲットを絞り、「軽量化と耐薬品性」をキーワードにマーケティングを展開することになりました。

　自動車関連企業で設計や研究開発、生産技術などに所属する人に照準を合わせたリードデータの収集プランからコンテンツ・マネジメント・プラン、スコアリングモデルなどを設計していきました。

　リードデータは予定数を超え、マーケティングを本格化しようとした矢先に、営業部門からマーケティングを止めてくれという依頼がありました。マーケティングの結果引き合いが増えたので今アポイントを取られても対応できない、というものでした。

　私はおかしいと思いました。実施したマーケティングはいまだターゲットペルソナのリードがそろう前のデータに対してで、良質なアポイントを供給できているはずがないからです。案件を見せてもらうと案の定「オートバイのハンドルのグリップ用素材での検討」「農業用トラクターの農薬用タンクの素材での検討」などでした。私はこれらの案件を後回しにしても今後供給する自動車のハーネスの商談を優先して追ってほしいと言いましたが、予算達成に苦労していた営業部門は足の早い案件を優先したいと言って譲りません。結局、マーケティングの成果で受注も獲得し、営業部門も予算を達成でき、新しい市場も開拓できたと喜んではいただきましたが、肝心の車載ハーネスという市場にはリーチできませんでした。

　真珠湾攻撃は戦略的失敗と書きましたが、戦術が予想以上に成功すると戦略に自由度が与えられてしまうことがあり、その結果成功したように見えて

目的は達成できないという戦略的失敗に陥ります。これはその苦い事例になりました。

　戦術の無い戦略は絵に描いた餅であり、戦略の無い戦術はただの動きであり、目的達成に貢献することはありません。だから、「戦略には自由度を与えてはならず、戦術には自由度を与えなければならない」という鉄則は、経営者やマネジメントに関わる人であれば肝に銘じるべきなのです。

4-6 | 戦略・戦術の徹底

　企業内でマーケティング戦略を周知徹底させるのは難しいことです。欧米ですらマーケティングとセールスの溝は深いといわれ、事業部間の調整は経営幹部の頭痛の種にもなっています。

軍隊には明確な指揮命令系統があり、トレーニングを受ける

　では、民間企業でこれほど難しいことを、軍隊ではどうやって徹底させているのでしょうか。数万人規模の部隊が参加する計画を成功させるには、戦略や戦術の徹底が不可欠なはずです。

　答えは、指揮命令系統が明確で、かつそれを伝達、実行する人（士官）が基礎的なトレーニングを受けているからです。

　軍隊の士官と指揮する部隊の構造を見てみましょう。基本的に士官と呼ばれるのは「将官」「佐官」「尉官」で、それぞれ3階級の合計9階級です。

将官：少将、中将、大将
佐官：少佐、中佐、大佐
尉官：少尉、中尉、大尉

　戦時になると徴兵などで軍隊の規模が膨張した際、それに対応するため少尉の下に准尉、少将の下に准将、大将の上に上級大将や元帥を置くことがありますが、基本は各3階級です。ちなみにこの9階級制は今でも警察や消防で使われていますし、企業の組織にも応用されています。企業では将官に該当する取締役を常務、専務、副社長などに分けているのはまさに軍隊組織を

模倣しているからです。

　階級と指揮する部隊規模もおよそ決まっています。陸軍の場合、作戦の最小規模は小隊（戦時では分隊）で、小隊長は少尉がなります。小隊の集合である中隊長は中尉か大尉、中隊の集合である大隊長は少佐か中佐、大隊の集合である連隊長は中佐か大佐、連隊の集合であり海外派兵の作戦単位である師団長には少将、師団の集合である軍団長は中将、軍団の集合である軍の司令官は大将が就任します。

　小隊（戦時で20〜30人）を率いる少尉から、軍（戦時では20万〜40万人）を率いる大将までの全員が士官としての基本的な教育を受けています。戦略、戦術、戦闘教義、ロジスティクスなどの基礎教育を受けた者が部隊を指揮することにより作戦や命令を理解して実施することができ、決まったフォーマットで報告し、戦果を上げることができるのです。

ビジネススクールは、ビジネスの士官学校

　欧米のビジネスは我々日本人が考えるよりもはるかに軍隊のモデルを模倣しています。欧米の経営大学院であるビジネススクールは、言わばビジネスの士官学校です。士官学校では、作戦を実行して部隊を統率するための体系的な教育を行います。戦略、戦術、戦闘、戦闘教義、ロジスティクスなど、さまざまな兵器とその運用を理解していない人が部隊を指揮して作戦を実行することは不可能なのです。

　ビジネススクールも同様に、企業経営するための体系的な教育を行い、経営戦略、企業会計、企業法務、人事・組織などと共にマーケティングの基礎もしっかり学びます。欧米企業が経営幹部の採用に今でもMBAを重視する理由はこれです。大学院で経営学修士号を修めるということは、ビジネスの戦略、戦術などの基礎を体系的に学ぶことであり、こうした共通言語を持っている人に重要なポジションを任せたいと考えるのは普通のことです。

マーケティング戦略は経営戦略の根幹であり、重要な要素です。では、日本企業のマーケティング部門以外の係長、課長、部長、そして事業部長や本部長の中で、マーケティングの基礎的なトレーニングを受けた人がどれほどいるでしょうか。

　マーケティング偏差値が低ければ経営者の指示や言葉を理解できず、実施の仕方も分かりません。それをどう報告してよいかも分からないので、結果的に経営者の指示は実行されず「笛吹けども踊らず」になっています。

　私はこれからの企業競争は「マーケティング偏差値」で勝負が決まると考えています。

第 **5** 章

マーケティング偏差値を
上げる

全社のマーケティング偏差値をアップするには、（マーケティング部門以外の）経営層、営業、研究開発や設計などのものづくりの人々のマーケティングナレッジを上げることです。マーケティングナレッジが向上し、社内で共通言語化できれば、世界で戦っても、勝てる企業になることができます。

　第5章では、全社を挙げてマーケティングを理解する理由を改めて説明した上で、マーケティング部門以外で働く人たちが最低限理解し、共通言語化すべきマーケティングのフレームワークを解説します。

5-1 | マーケティング部門が社内で孤立してしまう

　マーケティング偏差値が低いことによる弊害は、部分最適だけではありません。マーケティング部門が社内で孤立してしまうのです。

他部門の理解が得られなければMAは実施不可

　ある企業がマーケティング部門を新設し、MAを導入したとします。まずは導入したMAを設定し、IPウォーミングという慣らし運転の後に運用に入ります。そして、社内の顧客・見込み客のデータをインポートしなければ話は始まりません。個人情報は営業名刺のデジタル化が最もコストも安くパーミッション的にも使えるデータです。早速、営業部門に行って名刺を回収しようとすると、当然営業からは猛反発されます。「名刺を取り上げられたら営業ができなくなる」「手元に名刺が無いと不便だ」「勝手にメールや電話をして営業を邪魔しないでほしい」などのクレームを山ほどもらって手ぶらで帰ってくることになります。

　仕方がないので、過去の展示会を仕切っていた広報部門に行き、展示会で収集したデータをもらおうとしますが、そもそも広報仕切りの展示会は名刺獲得を目的にしていないことが多い上に、「私たちが苦労して確保した予算で集めた個人情報を持って行くなら費用負担をしてほしい」などと言われ、これまた手ぶらで帰ってきます。

　これではいつまでたってもMAは空っぽで役に立たないので、仕方なく自分たちの予算で独自に展示会に出展して収集します。ところがMAに登録する段階で、噂を聞きつけた法務部門がやってきて、「誰の許可でクラウドに個人情報を置くつもりなのだ？」と問いただされて紛糾、さらに作りかけの

コンテンツを見て、「フィクションで事例を書くとはどういうことだ」と詰められて、もうにっちもさっちもいかなくなってしまいます。

　法務も広報も企業を守る役割ですから、マーケティング部門のやろうとすることが理解できなければ、心配で仕方がないのです。営業も、マーケティング活動が自分たちの営業活動にどう貢献してくれるか分からなければ、名刺を出すのを嫌がって当然です。クラウドタイプのMAは多くの場合、管理権限機能をマーケティング部門が持ちますから、情報システム部門は知らん顔です。かくして、せっかくつくったマーケティング部門は社内で孤立してしまうのです。

　こうならないために、全社を挙げてマーケティングを理解する必要があるのです。本章では、BtoB企業の経営、事業部長、営業、広報、法務、設計、研究開発など全社で、「最低これだけは押さえて共通言語化してほしいこと」を解説します。

5-2 ┃ (1) マーケティング原則「3つのR」

　技術革新の波が押し寄せているのは、BtoBマーケティングも例外ではありません。ただ、その増加のペースはちょっと特筆に値するかもしれません。2000年までは、CRMやSFA、CMSと一部のBI、セミナーやイベント登録フォームとしてのCGIなど、カテゴリーもそれぞれのブランドも数えられて、覚えられるレベルだったのです。それがインターネットの普及に影響されて爆発的に増え始め、2019年のBtoBマーケティングに関連するブランドは約8,000、2020年には1万を超えるといわれています。私ももう数年前から数えるのをやめています。

　BtoBで使われる製品やサービスは、多くが米国生まれです。イスラエルやカナダ、欧州生まれもありますが、狙っている市場、つまり主戦場は米国です。米国で成功したものが欧州で展開され、そこである程度実績を積んだものが日本に来ます。つまり、日本に来る製品やサービスは、既に欧米で十分な実績を持っていると考えてよいでしょう。

バズワードはIT製品の販売ノウハウ

　実績があるということは、販売ノウハウも確立しているということです。

　そうした販売ノウハウの1つに「バズワード」があります。言葉をはやらせてあおるのです。世界の大手IT企業のメディアへの影響力はとても大きいですから、言葉を生み出すことができます。米国発ではやった言葉と、その延長線で売れた製品・サービスとの関係を眺めると、市場の舞台裏を垣間見ることができます。

例えば「ビッグデータ」という言葉がはやったのは、それまで独立系だったBIと呼ばれる製品ベンダーが、世界のITを支配する大手企業に買収された直後でした。IBMがCognosやSPSSを、OracleがHyperionを、SAPがBusiness Objectsを買収し、自社の製品ラインアップに加えた後で一斉に「ビッグデータ」という言葉の発信を始め、その言葉の延長で多くのBIツールを売ったのです。過去にも「One to One」という言葉でCRMを売り、SCM（サプライ・チェーン・マネジメント）という言葉でERPを売り、今はDXという言葉で企業のシステムマイグレーション（移行・乗り換え）を売っています。

　BtoBマーケティングで言えば、MAがまさにそれで、OracleがEloquaを、IBMがSilverpopを、MicrosoftがMarketingPilotを、AdobeがNeolaneを、Salesforce.comがPardotなどを買収した後に、各社一斉に「B2Bマーケティング」という言葉を使い始めたのです。

　バズワードにあおられ、使えもしない道具を買ってしまうのは良いことではありません。

マーケティングの要諦は変わっていない
　BtoBマーケティングに限って言えば、道具を使う目的はとてもシンプルです。私がマーケティングを学び始めた頃、要諦は「３つのR」だと教えられました。

Right Person　（正しい人に）
Right Information　（正しい情報を）
Right Timing　（正しいタイミングで）

　この３つのRは、今もまったく変わっていません。どの業界のどの企業のどの事業所のどの部署に所属するどんな役職の誰がライトパーソン（正しい

人）なのか。その人が欲しい情報は何で、どうしてそれが必要なのか。その
人はいつどのチャネルで情報を受け取ってくれるのか。少し大袈裟に言えば、
それらを特定するための技術や道具やサービスが1万種類あるというだけな
のです。

　MAにしてもBIツールにしても、マーケティングを行う道具にすぎません。
仕事でPCを使う人であれば、MicrosoftのWordなどのワープロソフトがイ
ンストールされているはずです。しかしPCを操作して文章が書けるという
ことと、人を感動させる文章が書けることはまったく別問題です。こう説明
すると誰でも分かるのですが、多くの企業ではMAの操作を知っていること
と、MAを使って売上に貢献するマーケティングができることが別だとは理
解されていません。

　企業のマーケティング偏差値を磨いておけば、バズワードを盛ったプレゼン
ンに惑わされることなく、あくまでも自社のマーケティング戦略や戦闘教義
から、必要かそうでないか、誰が使うのか、使いこなすためのリソースやス
キルは確保されるのか、といった判断ができるようになります。

5-3 | (2) STPフレームワーク

　マーケティングの最も基本的なフレームワークの1つに「STP」があります。フィリップ・コトラー博士がSTP戦略として提唱してから、もう50年がたちますが、日本ではこの基本すら共通言語には至っていない企業が多いのです。

勝てる土俵を探し、そこで戦う

　STPとは、以下の3つのプロセスのことです。

セグメンテーション（Segmentation）：市場の細分化。属性や状態などで市場を細かく分類するプロセス
ターゲティング（Targeting）：細分化した市場の中で勝てる土俵を探すプロセス
ポジショニング（Positioning）：選択した市場の中でどういったポジションを取るかを説明し、宣言するプロセス

　分かりやすく言うなら「事業や製品やサービスが勝てる土俵を探し、そこで戦う」というものです。業種、業態、規模を問わず、すべての企業が買ってくれる商材など存在しません。特にBtoBの場合、自社の製品やサービスが勝てる土俵はたいてい小さいものです。

　「STPくらいは知ってますよ」とよく言われます。ただ、STPのようなフレームワークは、言葉を知っているだけでなく、共通言語として使えなければ意味がありません。

「勝てない土俵を捨てる」ことでもある

　そもそもセグメンテーションは、とても難しい作業です。業種、エリア、社員数、売上などの2次元データだけで細分化するなら何とかなりますが、商談と相関が深いのはこうした属性より、むしろ「状態」、つまり3次元です。これを駆使した細分化ができなければ、現代のBtoBマーケティングでセグメンテーションができているとは言えないのです。

　次のターゲティングとは「勝てる土俵を探す」ことですが、同時に「勝てない土俵を捨てる」ことでもあります。売れていない製品やサービスの大半は、勝てない土俵で戦っています。つまり、ターゲティングができていないのです。STPを使いこなせていないと、他のみんなが乗っている土俵に乗りたくなります。日本の製造業の製品ラインアップが広い理由は、捨てられないからです。そこが勝てない土俵だと分かっていても、「顧客がいる」「代理店がいる」「工場がある」「苦労してきた先輩社員がいる」という理由で捨てることができないのです。それでも売上を伸ばさなければならないので、新製品や新サービスを次々にリリースし、ラインアップはどんどん増え、大半は赤字商材になります。

　製品を廃番にする、事業を縮小する、ある市場から撤退するという意思決定は経営層にしかできないことです。だから、経営層がSTPやプロダクトポートフォリオ（5-9で説明）を理解している必要があるのです。絶対勝てない大手企業とか、ディスカウンターがいる市場は捨てて、自社の勝てる土俵を探さない限り、勝てない土俵で体力を消耗し続けることになります。

メモリー市場を追い出されたIntelが選んだ勝てる市場

　世界のCPU（Central Processing Unit：中央演算処理装置）市場を支配しているIntelは、1968年にFairchild Semiconductorから独立したロバート・ノイスとゴードン・ムーアによって設立されました。設立以来、彼らが心血を注ぎ、莫大な研究開発と設備投資をしてきたのはメモリー市場でした。し

かし、1970年代後半からメモリー市場に日本のメーカーが台頭してきます。日本のメーカーはIntelを凌駕するペースで次々とスペックを上げ、同時に価格を下げてきたのです。

　追い詰められた当時の経営者、ゴードン・ムーアとアンディ・グローブは1985年にメモリー市場からの全面的な撤退を決断し、まだ開発途上だったCPUに経営資源を集中することを決意します。ここを勝てる土俵として選択し、ソフトウエアの分野で台頭してきたMicrosoftとアライアンスを組んで、IBM/AT互換機の市場を独占しました。マーケティングを徹底的に磨いて、今では世界中のマーケティングの教科書に載っている「インテルインサイド」キャンペーンを成功させ、最終的には競合するモトローラ/IBM連合の牙城であったAppleのMacシリーズに搭載されることでその地位を決定的なものにしたのです。

　一方、メモリー市場からIntelを追い出した日本メーカーは、やがて韓国メーカーに市場を奪われ、坂道を転げ落ちることになります。

自身が採用されない理由から見つけたパソナの勝てる市場
　STPを駆使すれば、新たな勝てる土俵を探すこともできます。人材派遣大手のパソナの創業者は、就職活動中にどうしても内定をもらえず、「なぜ採用してくれないのですか？」と質問したら、「企業にとって人材は最大の固定費だから不景気だと増やせない」と説明を受け、「ならば固定費にしないなら採用できるのですか？」というやりとりから「人材派遣」というビジネスを考案したのは有名な話です。

　実は、正社員ではない労働力を期間契約で派遣するというビジネスモデルは、新しくありません。世界中の港湾労働者などは似たような仕組みで供給されており、どの国でもギャングの利権になっていました。日本の多くの暴力団もそのルーツは船荷の積み卸しを担当する港湾労働者のあっせん業です。

パソナはこれをオフィスワーカーに転用して新たな市場を創造したのです。

　セコムのセキュリティー、オリックスのリース、リクルートの採用情報誌、京セラの積層セラミックパッケージなどは、みな創業者の発案で新しい「勝てる土俵」を創造して大成功しています。STPというフレームワークを知っていたかどうかは分かりませんが、これらは紛れもなくBtoBにおけるSTPの成功事例です。

　マーケターの仕事は「STPに始まってSTPに終わる」と言っても過言ではありません。3次元で細分化した市場の中から自社が勝てる土俵を探し、そこに営業やマーケティングのリソースを集中できていれば、「STPを使いこなしている企業」といえるでしょう。

5-4 （3）マーケティングミックス

1960年代にジェローム・マッカーシーが提唱した「マーケティングミックス」は、最も知られたマーケティングのフレームワークです。

・製品（Product）
・価格（Price）
・流通（Place）
・販促（Promotion）

30年後にロバート・ラウターボーンが4Pを顧客の視座から再定義した4Cを打ち出しますが、販売する側から見たら4Pで、購入する側から見たら4Cという関係にすぎません。

・顧客価値（Customer Value）
・顧客にとっての経費（Cost）
・顧客利便性（Convenience）
・顧客とのコミュニケーション（Communication）

4Pと4Cのどちらが正しいという話ではありませんが、現代マーケティングの文脈では、プロダクトアウトではなくマーケットインなので4Cに軍配が上がるでしょう。

ペルソナがイメージできれば製品を正しく導ける

では、マーケティング偏差値が高い企業は、このフレームワークをどのように活用しているのか、見てみましょう。

　まずは、「製品」です。事業や製品・サービスを対象に「STP」を行い、ターゲットセグメント（勝てる土俵）を定義したら、そのターゲットセグメントから見て最適な商材へと製品やサービスを改良・進化させなければなりません。ターゲットが明確に定義できれば、必要なスペックや機能、インターフェースデザインなどが明確になるはずです。

　2013年ごろ、米国でMAベンダーの日本市場向けミーティングに何度か参加しました。そのミーティングで、「日本語ローカライズが難しく、時間とコストがかかる」と議論になったことがあります。その時、私は「少なくともエンタープライズ企業の市場であれば、インターフェースのローカライズは必須ではない、そのくらいの英語が読めない人はマーケティング部門にはいないから」と説明しました。日本語のデータが扱えないのは困りますが、少数のマーケティング部門だけが使うMAなら、「import」を「取り込む」と書いていなくても問題はないはずです。ターゲットのペルソナがイメージできれば、製品を正しい方向に導くことができるのです。

「代理店の利益」と「マーケティング」でトップシェアを獲得したSAP

　2つ目の「価格」は、3つ目の「流通」、4つ目の「販促」と密接に関係しています。代理店（流通チャネル）を活用して販売する場合、代理店が十分な利益を確保できなければ売ってくれません。また、販売チャネルは受注や納品、代金回収はしてくれますが、マーケティングはできませんから販売促進費（マーケティング費用）はメーカーの利益から捻出することになります。

　ERP（Enterprise Resource Planning）というソリューションがあります。大企業の基幹システムとして使われる大規模アプリケーションのことで、「原材料から店頭まで」のすべての在庫や加工費、人件費などを一元管理することで膨大な無駄を発見して改善することで、企業の財務体質強化に結びつくとされました。エンタープライズ市場のチャンピオンはドイツのSAPです。

SAPが日本に進出した際、あっと言う間にトップシェアを獲得しました。その理由は「代理店の利益」と「マーケティング」にあります。SAPのメイン商材だった「R/3」をグローバル企業が導入すると、代理店と顧客との契約は100億円を超えることも珍しくありませんでした。その中のSAPのライセンスは10~15%程度ですから、代理店が十分にもうかる仕組みなのです。さらにSAPは大規模展示場を借り切って毎年「サファイヤ」というプライベートイベントを開催し、その参加者をベースにした膨大な見込み客データを保有していました。それを産業や規模ごとに分類し、セミナーやオンラインキャンペーンを実施して、そこから生まれた案件を代理店に供給していたのです。

　SAPの収益源は、ライセンス料よりむしろ「保守契約」と言われる顧客から毎年受け取る維持費でした。代理店がもうかる価格設定と代理店の営業を支援するマーケティングでシェアを拡大し、そこから毎年上がってくる保守料で高収益を維持していたのです。

クラウド化するなら戦闘教義を変える

　もし原価ギリギリで価格を設定すれば、販売促進はできず、またもうからない商材という理由で販売代理店は見向きもしなかったでしょう。

　IT系のパッケージベンダーは、商材がクラウド化されたことでこの問題に直面しています。例えば、営業パーソンの1カ月の販売予算が5,000万円だったとします。これまで販売していた業務アプリケーションは単価2,000万円でしたが、クラウド化されたことで1ライセンス15,000円/月になりました。平均購入ライセンス数が10ライセンスとして15万円/月です。この商材で5,000万円の予算を達成しようと思えば、300件以上の契約を取らねばなりませんが、1案件の手間は2,000万円のパッケージと大して変わりません。

　IT商材をクラウド化するなど劇的に価格が変わるときには、売り方、つまり戦闘教義を転換しないと現場は動きが取れなくなります。戦闘教義を変え

るということは、マーケティングの戦略も戦術も変えるということです。

　月に2～3本受注していれば予算を達成できていた営業に、価格が安いとはいえ月に300本を売ってもらうためには仕組みが無ければ無理な話です。保有すべきデータの母数も、プロモーションの数もまったく違ってきますし、それらはすべてコストがかかります。売価を安くすれば自然に売れるのはスーパーマーケットの食品くらいで、BtoBではあり得ないことです。

　価格は、全体最適で考えなければならない最たるものです。原価積み上げでは大した利益が出ませんし、競合の価格ばかり意識するとディスカウントに走ってしまいます。「代理店が動いてくれない」「リードが足りないけど収集する予算が出ない」「営業部門からは売っても売ってももうからない、という声が上がっている」といった企業は、早急にマーケティング偏差値を高めないと、やがて存続すら危うくなるでしょう。

5-5 | （4）イノベーションのベルカーブ

　日本人は「イノベーション」という言葉が大好きで、ハーバード大学の教授だったクレイトン・クリステンセンの著者『イノベーションのジレンマ』は日本でもベストセラーになりました。

　「イノベーションのジレンマ」とは、ある技術に基づいた製品・サービスで成功すればするほどその技術にこだわるので、イノベーションに乗り遅れてやがて衰退を招くという考え方です。典型的な例として、フィルムメーカーがデジタルに乗り遅れて衰退したケースがあります。

　ただこの考え方は、企業の経営戦略や栄枯盛衰の理解には役立ちますが、今年度のマーケティング戦略を考えるのに役に立つ理論ではありません。

60年たっても色あせない「イノベータ理論」

　マーケティング偏差値をアップさせるには、「イノベーションのジレンマ」よりも、イノベーションをそれと向き合う人から見た、ニューメキシコ大学エベレット・ロジャーズ教授の「イノベータ理論」の方がずっと重要です。この理論で示している「イノベーションのベルカーブ」は1962年に発表されてから60年近くたちますが、いまだに色あせない普遍的なモデルであり、実践的でビジネスに関わる人が等しく学ぶべきものだと私は考えています。

　「イノベーションのベルカーブ」とは、革新的な技術や製品が市場に浸透していく様子を、以下に示す5つの集団に分類したものです（**図表5-1**）。ロジャーズは社会学の研究者で、もともとは農村をモデルに研究していました。例えば、革新的に品種改良されたトウモロコシがリリースされた時、その種

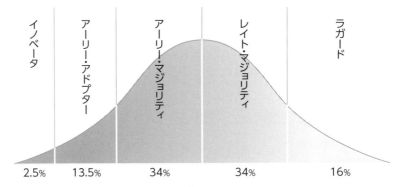

図表5-1　イノベーションのベルカーブ

子を自分の畑にまく順に５つの集団に分け、さらに初期の16%を「クリティカルマス」と名付け、ここまで普及すれば後は自然に全体に普及するとしたのです。

イノベータ…初期市場（2.5%）
アーリー・アドプター…初期市場（13.5%）
アーリー・マジョリティ…初期主要市場（34%）
レイト・マジョリティ…後期主要市場（34%）
ラガード…購入遅滞者（16%）

　ビジネスに関わる人は、なぜこのモデルを理解する必要があるのでしょうか。それは自社の製品が、今ベルカーブのどこに位置するかによって、採用すべきマーケティング戦術が異なり、伝えるべきメッセージも異なるからです。５つの集団はまったく異なった価値観、判断基準を持っているクラスターなのです。

イノベータ
　イノベータは、その名の通りとにかく新しいものが大好きな人で、「テク

ノロジーマニア」などといわれています。「まだ誰も持っていない」という言葉にとても敏感で、逆に普及した技術や製品には興味を持ちません。「まだ試作品で危なくてとても普通の人には触らせられない」などと説明されると、「どうしても触らせてほしい」と思う人たちです。イノベータは、所属する組織やコミュニティーで「浮いた存在」である場合が多く、「変わり者」と見られているので、周囲に対する影響力はあまりありません。

アーリー・アドプター

　アーリー・アドプターは、イノベータと違って「まだ誰も使っていない」というだけの理由では買おうとしません。ただこの集団は「ビジョナリー」と呼ばれ、常に時代の先端を走りたいと考えている人たちです。アーリー・アドプターの情報源はイノベータであり、イノベータにとっては唯一の理解者という関係です。イノベータと大きく異なるところは、所属している組織やコミュニティーから信頼され、影響力を持っていることです。「オピニオン・リーダー」と呼ばれ、上司や経営層からも信頼され、ある程度の権限と予算を持っています。

アーリー・マジョリティ

　アーリー・マジョリティは、さらに現実的な人たちの集団で、主要市場の初期を構成する人たちです。「革新的・イノベーティブ」という言葉には魅力を感じません。安全に安定的に作動し、自分たちの仕事に使えることを信頼できる事例で確認しなければ、購入しない人たちです。しかもアーリー・マジョリティは、イノベータやアーリー・アドプターの導入事例にはあまり反応しません。あくまでも自分たちと同じアーリー・マジョリティの人や企業の導入事例しか参考にしません。

　この人たちがセミナーに参加する大きな理由は「参加者の人種を見ること」です。自分と同じアーリー・マジョリティに属する人なのか、それともイノベータなのかを慎重に確認し、もしセミナー参加者の大半が自分とは異

なる人種、つまりイノベータやアーリー・アドプターだった場合、彼らは「お勉強モード」になって、決して本気で導入を検討しようとはしないでしょう。

レイト・マジョリティ

　レイト・マジョリティは、アーリー・マジョリティと同じく主要市場を構成する人たちです。アーリー・マジョリティに比べてテクノロジーに弱く、保守的です。多くの日本の大手企業はここに属します。

　基本的に少しでもリスクがあれば導入しないし、導入しなければならないことは分かっていても、「来年までなら今のままでも行ける」となれば決してすぐに変えようとはしない人たちです。レイト・マジョリティは、周囲の大半の人や企業がそれを使い始め、使っていないことが自分や自社の立場を悪くするような状況になって初めて、真剣に検討する人たちです。また、仕事の手順やルールを変えることをとても嫌う傾向にあります。MAを導入しても「自社のプライバシーポリシーが厳し過ぎて何もできない」という問題が頻発しましたが、それはレイト・マジョリティの典型的な事例です。

ラガード

　ラガードは、とにかく頑固で、問答無用でイノベーションを受け入れない人や企業です。マーケティングコンサルタントの多くは、「ラガードに対するマーケティングは放棄するのがよい」と言っています。その理由は、投資した時間や労力に見合ったリターンが期待できないからです。

　携帯電話が普及した時、法人向けの営業の間でこんな会話がなされていました。「ラガードの企業から携帯電話の法人契約を取るには、街中の電話ボックスを撤去してもらわないと無理だ」。そのくらい代替手段を塞がないとやり方を変えない人たちなのです。

5-6 │ (5) ホールプロダクト

「ホールプロダクト」は、ハーバード大学大学院のセオドア・レビット教授が1960年代に提唱したフレームワークです。

製品と購入者の課題の差に注目した理論

企業が販売する製品のコア機能と、製品を購入した企業が解決しようとする課題の間には、常に大きな差があるものです。その差を埋めるには、製品の周辺に補助製品や補完サービスを同心円状に数多くそろえ、そうすることで初めて購入者の期待に応えられるようになるという理論です。

例えば、MAをそのまま日本語にすると「マーケティング自動化」ですが、使いこなすには多くの作業が必要です。具体的には、MAに格納する個人情報を収集し、整理整頓し、企業と個人をひも付けるなどの加工を施し、さらにそこから有望見込み客を見つけるためにコンテンツを作り、メールを配信し、ランディングページを作り、フォームを用意し、ログを分析し、コールするという作業です。MAを導入する際に「マーケティングを自動化できるツール」と勘違いした場合、製品は購入者の期待に応えていません。

ノートPCが普及し始めた1990年代、米国のテレビCMにアメリカンフットボールのコーチが自動車の運転席でノートPCを開き、PC上で選手の情報を入力してシミュレーションゲームをしながら作戦を考えるシーンがありました。当時のマシンスペックを考えるとそもそも非現実的なシーンなのですが、あのCMを見てノートPCを購入した多くの人は、現実とのギャップに失望したはずです。

図表5-2　ホールプロダクト

　製品のコア機能と、購入者の課題の差を埋めない限り、製品は購入者の期待に応えることはできません。購入者によっては「だまされた」と思って製品から離れていく場合もあれば、自力で想定外の予算を使って必要な機能を買い足す場合もあります。そこでこの差を埋めるために、補助製品や補完サービスをそろえ、「完全な製品」を実現しようとします。

　レビット教授はホールプロダクトを4種類のプロダクトで説明しています（**図表5-2**）。

コアプロダクト

　企業が出荷する製品そのものです。デスクトップPCならばマザーボードや電源ユニットを含む本体のことで、ディスプレー、キーボード、マウス、OSなどは別売りになります。

期待プロダクト

　顧客が製品を購入するときに「あって当たり前」と期待している機能や製品です。顧客の購入目的を「最低限満足」させるためにそろっていなくてはいけない製品やサービスで、無いと失望や怒りを買うものです。初心者がデスクトップPCを購入して家に帰ったとして、OSも無ければディスプレーもキーボードも無ければ何もできません。問い合わせた時に「別売り」と言われると顧客は失望し、人によっては怒り出すかもしれません。現代では少なくなりましたが、昔は多かったトラブルの1つです。

拡張プロダクト

　顧客がその製品を購入した目的を達成するために必要な製品やサービスです。企業向けのデスクトップPCであれば、目的は仕事をすることです。となると、インターネットの通信環境、メールやWeb会議用ソフト、表計算やワープロソフトも必要です。別売りでもかまいませんが、それらがそろっていないと怒りや失望を買います。

理想プロダクト

　購入した顧客の予想を大きく超える機能や性能を持つ製品で、顧客がその製品を活用できる理論的な上限のことです。これをレビット教授は「理想プロダクト」と名付け、理想プロダクトを提供できれば、「市場の中で圧倒的なシェアを獲得できるだろう」と予言しました。

iPhoneは理想プロダクトの1つ

　普及し始めた頃のiPhoneは、「理想プロダクト」といえるでしょう。2007年にAppleがリリースしたiPhoneは、その時点で既に1億台を販売していたiPodというMP3プレーヤーとそのデジタル資産管理ソフトであり、音楽や映像のECサイトとして圧倒的に支持されていたiTunesを引き継ぎ、さらに電話とインターネットコミュニケーターという機能を併せ持った、まさに理想的なプロダクトでした。

　それだけでなく、iPhoneで動作するアプリケーションを販売・購入できる
オンラインショップの「App Store」をオープンさせ、初年度で15億本がダ
ウンロードされました。

　さらに、プロダクトの最も外側の要素として、Apple Storeとジーニアス
バーを位置づけました。2010年の段階でApple Storeを世界に約300店舗を
オープンしました。

　Appleはレビット教授の「理想プロダクト、つまり購入者の予想を超える
レベルで製品・サービスを備えたものは圧倒的なシェアを獲得する」という
予言の体現者になったのです。

　ホールプロダクト理論をなぜ企業の共通言語にしなければならないかと言
えば、同心円の外側の価値に気づかない企業が多いからです。

　BtoBでは、製品やサービスなどのコアプロダクトでの差異化はそもそも
難しく、製品やサービスが普及し、イノベーションが起こらなくなるとます
ます差異化できるポイントは少なくなります。そうなると顧客は製品のわず
かなスペック差ではなく、周辺の要素を見て選定するようになります。

　いくつか例を示しましょう。

ExcelがLotus 1-2-3に勝ったのは「書店に並ぶ本」の数

　PCが普及した1990年代の表計算ツールの市場でLotus 1-2-3とMicrosoft
のExcelが戦っていた頃、ユーザーの判断基準は製品そのものではなく、「書
店に多くの本が並んでいる方が安心」という基準でした。これに気付いた
Microsoftのマーケティングチームは、あらゆる出版社に働きかけてExcelの
初心者から上級者までの関連書籍を出版させました。書店に行くとLotus
1-2-3の関連本が2～3冊だったのに対し、Excel関連本は10冊以上並んでい

ました。Excelの逆転劇はOfficeに組み込まれただけではなかったのです。

2000年代の初頭、代表的な医療機器であるCTスキャン市場で、日本の東芝や日立製作所、島津製作所などがしのぎを削っていました。その中で米国のGEは、製品本体のコア機能である解像度よりも、診療や手術を止めないためのリモート監視という拡張プロダクトで優位に立ちました。24時間365日の遠隔モニタリングのノウハウは、GEが原子炉や発電所のタービンの経験から獲得したものです。これをジェット機のエンジンに展開して大成功し、さらに医療機器に持ち込んだのです。

私の経験ですが、車載パーツのナーチャリング用コンテンツを作った際、スペックは競合と同等だったので、物流システムによる安定供給で差異化を実現して受注獲得した事例を作ったところ、設計部門の人に怒られたことがありました。ものづくりの人は、製品の機能を前面に出したい気持ちがあるからです。しかし車載パーツであれば、機能やスペック、価格と同じくらい、安定的な供給体制が重要な評価基準になります。プロダクトの外側にも価値があり、そこで勝負が決まることを企業が理解していないと、競合に負けることになります。

5-7 ｜ (6) キャズム

　米国のBtoBマーケティングコンサルタントであるジェフリー・ムーアの代表的な著書『キャズム』は、ハイテクマーケティングのバイブルとしての地位を獲得しています。欧米企業でのミーティングやセミナーでは、同書の中の言葉が引用されることが多く、「ハイテクマーケティングに関わる人なら読んでいない人はいない」といわれるほどです。

「イノベーションのベルカーブ」+「ホールプロダクト」

　ムーアのキャズム理論は、ロジャーズ博士の「イノベーションのベルカーブ」とレビット博士の「ホールプロダクト」の理論を関係づけたものです。それは、「イノベータやアーリー・アドプターの初期市場では、製品のコア機能だけで勝つことができる。その理由は、自分たちで残りのホールプロダクトを構築するスキルを持ち、むしろそれを楽しむ人たちだからだ」としています。テクノロジーマニアは秋葉原に出掛けてマザーボードやハードディスクを購入し、PCを自作します。それと同様に、足りない要素は自分でそろえて使いこなすのがイノベータやアーリー・アドプターです。

　しかし、アーリー・マジョリティはそんなことはしません。レイト・マジョリティに至っては、どんなにコストがかかっても自分たちではない信頼できる誰かにやってもらおうとしますから、そういうサービスを用意できなければ選定されることはありません。つまり、「アーリー・マジョリティ以降の主要市場で勝負の鍵を握るのは、コア機能ではなく、期待プロダクトや拡張プロダクトになる」と説いています。

　ここからムーアは、BtoCでクリティカルマスと位置づけた初期市場の16%

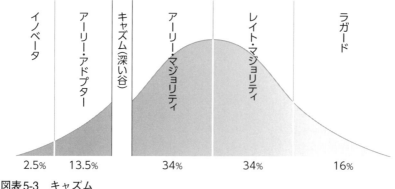

イノベータ	アーリー・アドプター	キャズム（深い谷）	アーリー・マジョリティ	レイト・マジョリティ	ラガード
2.5%	13.5%		34%	34%	16%

図表5-3　キャズム

の地点をBtoBでは「谷：キャズム」と呼び、多くの製品やサービスはそこに落ちてはい上がれずにもがいていることを解き明かしたのです（**図表5-3**）。

　多くの製品やサービスが「成功」と呼べるのは、主要市場、つまりアーリー・マジョリティに受け入れられた時です。ここに採用されずにキャズムに転落してしまったら、一刻も早く脱出しなくてはなりません。さらに言えばここに落ちないようにしなければなりません。

　そこをホールプロダクトで解決するというのが「キャズム理論」です。市場が成熟し、アーリー・マジョリティに差し掛かってくると、製品やサービスのコア機能ではなく、外側の拡張プロダクトや理想プロダクトで勝負が決まるのです。そのことを理解し、キャズムに転落しないようにします。

営業ツールとしてのタブレットはキャズムに落ちている

　2020年現在、このキャズムに落ちている典型例は、営業ツールとしてのタブレット端末の活用でしょう。タブレット端末は、ノートPCとスマートフォンの間でポジションが定まらなかったデバイスです。転機はAppleが2010年にリリースしたiPadでした。iPhoneの技術をそのまま応用し、ノートPC並みの

大きなディスプレーでフルピッチのキーボードを備えたiPadは、タブレット端末市場初めて成功したプロダクトになりました。そしてこれを契機にビジネス活用が模索され、多くの企業が技術開発を行って製品やサービスをリリースしました。しかし大きな成功を収めた企業はいまだありません。

　あの頃の想定はこうです。営業パーソンはカタログ集や見本帳ではなくタブレット端末を持って顧客を訪問し、その画面で製品を説明し、利用シーンを動画で見せ、詳細なスペックをエンジニアとWeb会議で確認してもらい、生産状況や在庫数もタブレットを通じて視覚的に確認し、契約もタブレットへのサインでできるはずでした。現在これらを実現する個々の技術はすべてそろっていますが、誰もホールプロダクトとしてそろえようとはしないのです。

　紙のカタログがありますから、それをデジタル加工してタブレットのデータフォーマットに落とすことはできます。でも製品はどんどん変わります。廃番もあれば機能追加も価格改訂もあります。また価格が変われば見積もりの計算式に反映させないと駄目ですし、それは契約書のフォームにも関連します。それらを誰がやるのか。誰もやってくれません。展示会用に作った動画はありますが、タブレット用にカスタマイズしてくれる人はいないので、YouTubeを見に行くしかありません。通信状態が不安定なら画像が乱れて気まずい商談になりますが、それを動画に落とすことは誰もやってくれません。本格的に動画を商談に使うなら、もっと営業目線で動画を作らなくてはならないでしょう。

　タブレット端末があっても、それを購入した企業が目的を達成するためにやらなければならないことがあれば、それを提供するサービスやシステムが出てこない限り、タブレットによる営業改革は実現しません。

　キャズムに落ちないために、また落ちたら最速ではい上がるために、ムーアの著書は繰り返し読むべき必読書なのです。

5-8 | （7）アンゾフマトリクス

　イゴール・アンゾフ博士が1957年に提唱したフレームワーク「アンゾフマトリクス」は、窓のように見えるので、「アンゾフの窓」とも「アンゾフの成長戦略」とも呼ばれています（**図表5-4**）。

　縦軸に「市場・企業」を取ります。上が「既存」で下が「新規」ですから、企業なら上が「お得意さま」で下が「新市場」です。地理的に言えば上が「国内」で下が「海外」、産業で言えば上が「自動車産業」で下が「医療機器製造業」のようになるでしょう。横軸は「製品・サービス」で、左が「既存」で右が「新規」ですから、左に入るのは、自社の社員もお客様も競合も誰もが認めるその企業の「主力商材」で、右が「新製品・新サービス」です。

　それぞれの象限で採るべき戦略を、日本のBtoBマーケティングの現状に沿って説明します。

製品・サービス

		既存	新規
市場・企業	既存	市場浸透戦略	新製品開発戦略
	新規	新市場開拓戦略	多角化戦略

図表5-4　アンゾフマトリクス

「市場浸透戦略」（Market Penetration）

　左上は「既存市場に既存製品・サービスを売る」象限で、ここに必要なのは「市場浸透戦略」です。マーケティングが要らない象限と言われ、ハイタッチの営業力で守り抜くところです。ここの案件を日本語では「引き合い」、マーケティング用語ではSGLと呼びます。フットワークやクイックレスポンス、気配りなどが要求され、一緒にお酒を飲む、ゴルフをする、などが効力を発揮します。日本企業が最も得意としている象限であり、ここで要求されるハイタッチをやらせたら日本人は世界ナンバーワンでしょう。

　日本のBtoB企業がマーケティングを持たなくても成長できたのは、実はこの象限が戦後40年間一貫して成功し続けたからです。多くの企業はここをしっかり守っていれば成長できたのですが、その代償としてこの象限だけでしか売上をつくれない「引き合い依存体質」の企業になってしまったのです。マーケティングが必要ないのはこの象限だけで、他の3つのどこを攻めるにもマーケティングは必須なのです。

「新製品開発戦略」（Product Development）

　右上は「既存顧客に新製品・新サービスを売る」象限で、ここに必要なのは「新製品開発戦略」です。既に銀行口座もあり、担当営業や代理店もついている顧客に対して、新しい製品やサービスを買ってもらう象限ですから「クロスセル」と呼ばれる活動が多くなります。相手が中堅以上の企業である場合、既存顧客といっても事業所や部署が違えば別の企業のようなものですから「引き合い」は発生しません。引き合い依存の企業にとっては勝手が違う象限なのです。

　この象限向けに作った戦略商材が期待通りに売れないとしたら、マーケティングのナレッジや人材・組織を持っていないことになります。この象限は、ABMを実行する上で何としても攻略しなければならない目標です。ここが攻略できていない企業は、ABMがうまくいっているとはいえないのです。

「新市場開拓戦略」（Market Development）

　左下は日本企業が最も深刻に困っている象限で、ここは「既存の製品・サービスを新市場に販売する」という活動になり、必要なのは「新市場開拓戦略」です。営業や既存の販売代理店にとって土地勘の無い市場ですから、マーケティングが市場を開拓しなければなりません。営業の足に頼っていては非効率な市場です。新規市場の開拓や海外市場の売上拡大が経営戦略だとしたら、この象限を伸ばすしかありませんが、高度なマーケティング戦術が必要です。

「多角化戦略」（Diversification）

　右下は「新市場に新製品・新サービスを売る」象限で、ここに必要なのは「多角化戦略」です。ここは顧客軸でも、製品・サービス軸でもシナジーが効かないので、攻めるのが最も難しい象限です。（左上を除く）３つの象限の中では最後に狙うべき象限ですが、なぜか日本企業の好きな象限です。製造業が関連会社でゴルフ場を経営していたり、商社が飲食店を持っていたりするのはこのケースが多いのです。業績が悪化すると二束三文で売り飛ばされる事業はたいていここにプロットされます。

　左上の市場の成長が止まったのは、リーマン・ショックの時といわれています。成長するためには他の３つの象限のいずれかを攻めなければなりませんが、その３つのどこを攻めるにしてもマーケティングの組織とナレッジが無ければ何もできません。今の日本企業はまさにこの泥沼にはまってもがいているのです。

5-9 | (8)プロダクト・ポートフォリオ・マネジメント(PPM)

　1960年代後半に170以上もの事業を抱えて管理不能に陥っていたGEは、米国の大手戦略コンサルティングファームのボストン・コンサルティング・グループ（BCG）などに依頼して、事業診断のためのフレームワークを開発しました。それが「PPM」（プロダクト・ポートフォリオ・マネジメント）です。

　1980年、ジャック・ウェルチがCEOに就任すると同時に、再びこの手法で事業を診断し、「世界シェアで1位か2位、もしくは3年以内に2位以内になれるもの」という基準を加え、2位以内になれそうもない事業は売却、または廃止し、多くの工場を閉鎖しました。その中にはGE発祥の事業である電球、テレビ、冷蔵庫、エアコンなどがありましたが、10年後には株式時価総額で世界1位になりました。あまりに激しいリストラで「ニュートロン・ジャック」（ニュートロンは中性子爆弾）と呼ばれたジャック・ウェルチは、20世紀最高の経営者といわれました。

　PPMは縦軸に市場の成長率（可能性）を、横軸に自社のシェア（競合優位性）を取って4つの象限を作成し、そこに自社の事業や製品をプロットして分類していくフレームワークです。4つの各象限は（右上から時計と反対回りに）「問題児：problem child」「花形：star」「金の成る木：cash cow」「負け犬：dog」と名付けられ、どの象限にプロットされるかによって打つ手が大きく異なり、それぞれにセオリーがあります（**図表5-5**）。セオリー通りに実行する必要はありませんが、セオリーを「知っていて」違う手を打つのと、セオリーを「知らない」のではまったく違う意味を持ちます。

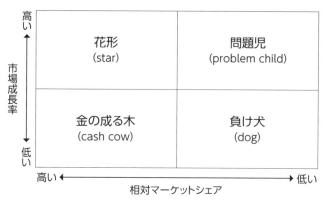

図表5-5　プロダクト・ポートフォリオ・マネジメント（PPM）

問題児：problem child

　ここにプロットされた事業や製品は、市場の成長率は高いが自社のシェアはまだ低く、成長するためには今後大きな投資を必要とします。市場はまだ成長するので、シェアさえ拡大できれば「花形」に成長できる可能性もありますが、成長市場は競争が激しいので、経営資源を投入すれば育つという保証はありません。

　この象限のセオリーは、「もし育つなら食わせてやれ」です。激しい競争を勝ち抜いて大きなシェアを取れる要素（技術的優位性など）がある場合は投資します。この象限のマーケティングは、シェアを急速に拡大しなければならないので、大きな予算を投入する物量作戦になります。展示会、広告、Webなどで一気に大量のリードを獲得し、そこからのリードで直販営業チームや販売代理店を支援するのです。近年のサブスクリプションタイプの「広告＋インサイドセールス」の手法がこれに当たるでしょう。

花形：star

　市場の成長率が高く、自社のシェアも高いため、今後も多くの収入を見込

める象限です。企業にとって最も重要な事業や製品・サービスといえます。ここのセオリーは「絶対に守り抜く」です。

　実はこの象限は利益が出ないことが多いので、部門別の管理会計などを導入していると、万年赤字事業部であることも珍しくありません。成長率が高いということは競合にとっても魅力的な市場であるため、研究開発に投資してイノベーションを加速し、新製品を投入し続けなくてはなりません。成長市場には新規参入も後を絶ちませんので、現在のシェアを守り抜くためにはかなりの投資も必要なので利益が出ないのです。しかしこの市場が成熟し、イノベーションが鈍化し新規参入が減ってシェアの低い競合が撤退していくと、この事業は「金の成る木」になります。そのためにはシェアを維持して守り続けなくてはならないのです。

　この象限のマーケティングの典型的な例がABMです。ABMはターゲットアカウントの売上を最大化するマーケティングですが、それは同時に競合がつけ込む隙を埋めることを意味します。負けられない市場で最も重要なことは、顧客を競合から守り抜くことです。デマンドセンターを中心としたABM戦略こそそれを可能にします。

金の成る木：cash cow

　この象限の特徴は、市場の成長は鈍化してイノベーションも止まっていることです。かつての競合は体力を使い果たして撤退し、新規参入もありません。この事業には「花形」だった時代にたっぷり投資をしているので、高いシェアを持っています。イノベーションが止まったことで研究開発に追加投資をする必要はありません。設備などへの過去の投資も償却が済んでいるケースが多く、人的にも十分な経験値を持っていますから、オペレーションも安定しています。つまり少ない投資でしっかりもうけることができる事業なのです。

まさに金の成る木ですから、ここのセオリーは「搾り取れ！」です。企業全体で見れば「花形」で今まさに投資を続けなければいけない事業もあれば、「問題児」のようにこれから花形に育てなければならない事業もあって、これらに投資するキャッシュを稼ぐのがこの「金の成る木」の役目です。最小のコストで最大の利益を上げなければなりません。

　この象限のマーケティングは、営業効率を極限まで上げることが主なミッションになります。営業拠点や営業要員の数を減らし、その分「仕組み」で全体パフォーマンスを落とさないようにすることが大事です。デマンドセンター、インサイドセールス、カスタマーサクセスとリレーして効率的に維持し、主力の営業部隊を「花形」と「問題児」に回すのです。多くの日本企業はいつまでもここにエース級の営業を張り付けているため、売上は上がっている分コストもかかり、搾り取れていないように思います。

　ちなみに、社歴の浅いスタートアップ企業に「金の成る木」はありませんから、他の資金調達方法で「問題児」を育てなければなりません。その1つがベンチャーキャピタルです。

負け犬：dog
　市場の成長率は鈍化し、自社のシェアも低い象限です。ここの事業や製品に将来性はありませんから、人やお金などの経営資源の投入を止めなければなりません。追加投資をしてシェアを上げることに成功しても、市場自体が縮小しているので投資を回収できる可能性は低いのです。しかも過去の投資が少ないということは、この分野での経験値をほとんど持っていないということですから、オペレーションで失敗や事故を引き起こすリスクが高いのです。

　ここのセオリーは「撤退、売却、閉鎖」です。ただし、ある企業にとっては「負け犬」であっても、他の企業から見たら「花形」や「問題児」かもしれな

いので、戦略的に自社のシェアを強化するために事業を買い取ってくれるか
もしれません。米国のIT企業などでよくあることですが、その分野で成功
している製品を持っているのに類似の製品を買収する理由は、手強い競合に
買われるなら自社で買って廃止した方が相対的に有利になるからです。「花
形」のセオリーは「守り抜く」ですから、そういう手段もあるのです。

　この象限でのマーケティングは、もちろん「マーケティング活動をしない
こと」です。

　マーケティング戦略は経営戦略の根幹であり、経営戦略を実現するための
補完的な役割が与えられています。例えばPPMによって「金の成る木」に分
類された事業であれば、最低の投資で収益を稼ぎ続けることがマーケティン
グ戦略の骨子になるのです。

　マーケティング戦略の立案と実施に当たっては、その前提である自社の事
業や製品のPPMでのポジションとセオリーを確認し、経営戦略と整合性の
あるプランニングを心掛けるべきなのです。

5-10 | (9)デマンドウオーターフォールとデマンドセンター

　Gartnerから独立したジョン・ネーサンが創立したSiriusDecisionsは、この15年間、BtoBマーケティング＆セールスの理論的なけん引者の役割を果たしてきました。そのSiriusDecisionsが2006年に発表したのが、「デマンドウオーターフォール」（The Demand Waterfall）です。BtoBのマーケティング活動と営業を包含した初めてのモデルで、その後2012年に大きく改訂しました。BtoB企業のマーケティングとセールスを構造化し、名前を付け、それ

出典:www.siriusdecisions.com
©SiriusDecisions

図表5-6　デマンドウオーターフォール

ぞれのコンバージョンからマーケティングを実数で設計、評価できるように
した、とても実用的なモデルです（**図表5-6**）。

世界のスタンダードモデル

　デマンドウオーターフォールでは、まずリードジェネレーション活動を、
Web問い合わせなどのインバウンドとリスト購入や展示会出展などのアウ
トバウンドに分け、そこからナーチャリングとスコアリングを経てMQLと
して営業に渡し、その中から営業が受け入れたものがSALとなります。SAL
と、マーケティング由来ではなく営業が日ごろの活動から作った案件SGLの
合計を、パイプラインで管理すべきSQLと呼びます。このモデルは階層的で
分かりやすく、特に年間のマーケティングプランの作成やキャンペーンの設
計や実施する際にとても使いやすいので、世界中のBtoBマーケティングの
スタンダードモデルになっています。

　日本のBtoB企業が海外でマーケティングをするために現地のエージェン
シーを使う際、デマンドウオーターフォールが分かっていないと打ち合わせ
になりません。デマンドウオーターフォールに基づいて、現在の保有データ
と必要なデータ数の差分から、これから収集するデータの目標数を決め、各
階層でのコンバージョン率などを設定してそのための手法を考えます。キャ
ンペーン後のレポートもデマンドウオーターフォールモデルに沿って書かれ
ますから、このモデルが分からない人には理解できないことが多いのです。
英語ができても、このモデルを理解していなければレポートを読むことはで
きません。

　最近では、デマンドウォーターフォールモデルの派生形がたくさん出てき
ました。例えば、2017年に発表された「The Demand Unit Waterfall」モデル、
ABMのコンソーシアムが提唱しているファネルをひっくり返した「Flip My
Funnel」モデル、さらに弾み車に進化させた「HubSpot Flywheel」モデルな
どです。

どれが正しく、どれが間違っているなどと言うつもりはありません。フレームワークやモデルも道具ですから目的に合わせて使い分ければいいし、自分に合った道具を選ぶことはどの世界でも重要なことです。時々「時代はFlywheelでデマンドウオーターフォールなんてもう古い」などと言っている人を見かけますが、そんな人に限ってどちらもきちんと理解していないことが多いのです。どの分野であっても一度はスタンダードになったものなら、それは真摯に学ぶに値すると私は考えています。

デマンドセンターはBtoBマーケティングの要諦

　デマンドウオーターフォールを実現するための仕組みが「デマンドセンター」です。

　デマンドセンターの構築と正しい運用こそが、BtoBマーケティングの要諦であると言い続けてきました（『BtoBのためのマーケティングオートメーション正しい選び方・使い方』（翔泳社）や『究極のBtoBマーケティングABM』（日経BP）を参照してください）。レベルの高いスタッフで構成されたデマンドセンターを持たずにマーケティングに取り組むことは、お金と時間の無駄です。部分最適はつながらず、成果を出すことはできません。ましてや、普通のデマンドジェネレーションよりもはるかに精緻なデータマネジメントやコンテンツマネジメントが求められるABMに取り組むのは不可能で、アカウントセールスの邪魔をするのが関の山です。

　デマンドウオーターフォールを理解し、デマンドセンターを構築して正しく運用すること。BtoBのマーケティングの成否はこれに尽きると私は考えています。

5-11 ｜ (10) ADR (Account Development Representative)

　第2章「流行のインサイドセールスを作ったものの」で書きましたが、インサイドセールスは作り方を間違えると営業部門からもマーケティング部門からも顧客からも嫌われるコールドコール製造装置になってしまいます。ではマーケティング偏差値の高い企業は、インサイドセールスをどう進化させているのでしょうか。その1つが「ADR」(Account Development Representative) です。

　次に示すのは、ある米国の企業が出した「ADR」の募集要項の一文です。

With energy and confidence to build a pipeline of qualified opportunities for our Account Executives.
(営業のために、有望な商談でパイプラインを満たす自信とエネルギーを持つ人)

　ADRという職種は日本ではいまだ耳慣れませんが、マーケティング先進国である米国や英国では、この職種がマーケティングとセールスのブリッジの役割を果たし、成功のキーパーソンと位置づけられています。ですから、こんな勇ましい表現で募集されているのです。

　ADRというポジションは昔からあったわけではありません。BtoB企業がマーケティングを整備し、営業部門や販売代理店、特約店にMQLと呼ばれる案件を安定供給できるようになると、その次に必ず起きるのが「MQLを営業がフォローしてくれない」「フォローしたかどうかをフィードバックしてくれない」という問題です。案件化しなければ成果になりません。解雇が日常的に行われる米国では、絶対に解決しなければならない問題だったのです。

ADRは、サッカーのポジションで説明するとしっくりきます（サッカーに詳しくない人には分かりづらいかもしれませんが、この比喩（ひゆ）が的を射ているのでサッカーで説明します）。マーケティング（デマンドセンター）は営業の前工程ですから「中盤」と思われがちですが、実はかなりディフェンス寄りで最前線のフォワード（営業）からは遠いのです。後方のディフェンスからフォワードにロングパスを蹴っていては、パスの精度は悪いし、そもそも遠いのでフォワードの状態や特徴などが分かりにくいのです。

　営業パーソンが長年追いかけてきた大型案件がクロージングに入っているとき、マーケティングからの新規商談（MQL）をパスされてもフォローしません。当たり前のことで、フォローしない営業が悪いのではなく、その営業の状態を知らずにロングパスを蹴り込むマーケティングに問題があります。そこで、ロングパスをやめてボールをトップ下に集めることにします。このトップ下がADRです。フォワード（営業）の近くにいてコンディションや特性を理解し、それに合わせた最終パスを出すことができるポジションを新設したのです。

　ADRは、米国のBtoBマーケティングの主流になりつつあるABMと密接に連動しています。多くの場合、ABMで狙うターゲットアカウントは、既存顧客です。歴代アカウントセールスの名刺フォルダーやSFA、展示会、セミナー、Webなどから収集したデータを統合すれば、1社に所属する個人のデータが数十人から百数十人になることも珍しくありません。あるキャンペーンに反応し、明らかに自社の製品やサービスで解決できる課題を抱えていると想定される人が、1つの企業の6つの事業所に合計16人いたとして、その中の誰に誰がアプローチすべきなのかを判断するのはマーケティング部門には荷が重いのです。自社の営業の誰がどの事業部に出入りしているか、どの製品に強いのか、どういう業種へのアプローチを得意としているかは、マーケティングで把握することは難しいからです。

　デマンドセンターができることは、所属企業の属性や個人の行動を解析して「ニーズを持つ人」を探し出すことです。その企業内の政治バランスや中期経営計画から判断する投資順位、競合関係、自社の営業との人間関係などを考慮した担当振り分けの判断は、より営業現場の近くにいて営業や販売代理店と常にコミュニケーションを取っているADRでないと無理なのです。

　このADRというポジションは、日本市場でより重要になると考えています。トップダウンで意思決定する欧米に比べて、ボトムアップで時間をかけて情報を収集し、稟議によって意思決定する日本では、意思決定者へのレポートや影響力のラインがとても複雑です。ADRという名のトップ下の存在が無ければ、精度の高いパスを最前線に届けることなど不可能です。さらにADRは各フォワード（営業）の得意不得意や実績などを熟知しています。彼はヘディングが強い、彼は左からの速いパスはトラップできない、彼は右後ろからの高いパスをボレーで打てる、そういう特性を理解している人が出すパスが「キラーパス」と呼べるものです。

　私は、デマンドセンターとADRを高度に連携させた企業だけが、ABMを実現できる企業だと考えています。

第**6**章

コト売りと
デマンドセンター

多くの日本企業の中期経営計画に「モノ売りからコト売りへの転換」という言葉が織り込まれています。戦略としては正しいのですが、それを実現するためには、「How」つまり戦術が無ければ「絵に描いた餅」になってしまいます。

　「コト売りへの転換」は時間軸の話です。営業手法や訪問部署の話ではありません。顧客企業の奥深くで発芽した課題やリスクを競合よりも先に感知し、アプローチすることでしか実現できない、つまり戦闘教義を変えなければ手の届かないものなのです。

　デマンドセンターというインフラを構築し、そこをプラットフォームにしてマーケティング部門と営業部門とものづくり部門の連携（アラインメント）が不可欠なのです。

　この章では、この本の企画の出発点となった「コト売りの本質と転換できないメカニズム、そして転換するためのデマンドセンター」について解き明かしていきます。

6-1 売上をつくるマーケティング用語の変遷

　この20年、BtoB企業のフロント、つまり売上をつくるところの経営課題
を表現する言葉が次々と出てきました。

言葉は変わるも本質は同じ課題
「プロダクトアウトからマーケットインへ」
「カスタマーサティスファクション」
「カスタマーセントリック」
「バリュープロポジション」

そして「モノ売りからコト売りへ」です。

　本質を見ればすべて同じです。言葉を変えながら企業は同じ課題に延々と
立ち向かってきたのですが、一向に解決できていません。時代が変わると違
う言葉で同じテーマを語り、すると本が売れ、講演が増え、カンファレンス
のテーマになり、やがてひっそりと消えて行くことを繰り返しています。課
題が解決しない限りいつまでも関係者を苦しめ、お金と時間を浪費させます。
そろそろ実現し、次のステップに行く時です。

　なぜ課題を解決できないのかといえば、「戦闘教義を変える必要がある」
ことに気が付いていないからです。戦闘教義を変えるとは、デマンドセンター
を基点として、インサイドセールス、セールス、カスタマーサクセスとリレー
していくフォーメーションに転換することを意味します。

唯一の仕組みが「デマンドセンター」

「引き合い依存から脱却する」「ソリューション提案型に転換する」「イノベーションラボを拠点に顧客と共創する」「ABMに取り組む」、そして「モノ売りからコト売りに転換する」。いずれも、「顧客企業の奥深くに発芽した課題を競合より早く見つける仕組み」が必要です。それを担当できる唯一の仕組みが「デマンドセンター」です。

MAはデマンドセンターのプラットフォームとして生まれた業務アプリケーションですが、デマンドセンターを構築するのとMAベンダーと契約するのとはまったく階層の違う話です。デマンドセンターが生産性の高い工場なら、MAはその中で動く工作機械の1つにすぎません。デマンドセンターの要素の中でMAの操作は10%未満です。大事なことは、どんな成果を出すために、何を使ってどんなマーケティングを設計し実施するかです。企業のマーケティング担当者はプロフェッショナルとしての知識と技術を身に付けなければなりません。

一方、デマンドセンターだけマーケティングのスキルが上がっても、組織から浮いてしまいます。デマンドセンターのミッションを全社で周知徹底するべきであり、それをどう活用するかはマーケティング戦略の要諦であり、経営戦略の根幹に位置づけられるべきものなのです。

多くの日本企業は、MAを導入してもまったく売上に貢献できていないという現実があります。そうした状況を変えるには、経営層から事業本部長、営業部門、ものづくり部門に至るまで、マーケティングの基礎的なトレーニングを受けるべきです。だから私は、企業の「マーケティング偏差値」という言葉にこだわっているのです。

6-2 ｜「コト売り」の本質

　「モノ売りからコト売りへの転換」とは何を意味するのでしょうか。この言葉はいまだに解釈や実行を巡って多くの混乱を生んでいます。まず言葉を整理します。

モノ売り

　モノやサービスを顧客の要望通りに販売して納品する形態です。販売する側は、モノやサービスが顧客にとってどういう課題解決になるのか、どんな意味を持つのかを考える必要はありません。商談のイニシアチブは100％顧客側にあり、オリエンテーションでRFP(Request for Proposal)を渡され、それに従って提案書を書くことが多いからです。競合優位性をつくる要点は、「価格競争力」「短納期」「豊富な在庫」「ロジスティクス」などになります。

コト売り

　顧客の課題を解決するために、必要な技術、製品、サービスをアッセンブリーする形態です。そのために、顧客の本質的な課題や状況、リソースなどを理解する必要があります。商談のイニシアチブは対等に近く、力を合わせて一緒に課題を解決するプロジェクトを推進することになるため、コンペにはならないケースも多いのです。競合優位性をつくる要点は、「課題発見力」「実績・経験」「情報発信力」などになります。

「モノ売り」は良いことが何も無い

　では今、なぜ「モノ売りからコト売り」なのでしょうか。シンプルに答えるなら、「モノ売り」では良いことが何も無いからです。モノ売りは購買側に100％イニシアチブがあります。販売する側が常に比較され、受注するた

めには競合他社より安い見積もりを出すか、無茶な納期に応じるしかありません。どちらにしても、付加価値の無い仕事で収益をつくるのは難しいのです。

　もちろん、どの競合よりも安くつくれる原価構造を持っていれば、モノ売りでも利益を出すことができます。どの競合よりも早くつくれるリソースを持っていれば、無茶な納期でも期日通りに納品できます。40年前の日本はこの両方を持ち合わせていました。安い人件費に加え、為替が味方してくれました。企業には徹夜残業をいとわない企業戦士があふれ、工場には集団就職でやってきた若く素直でやる気に満ちあふれた労働力が潤沢にありました。

　今はどちらもありません。だから戦い方、つまり戦闘教義を変えなくてはなりません。それを「コト売り」と表現していますが、多くの場合言っている本人も気が付かないほど、経営戦略の根幹に関わることです。経営戦略に関わることですから、当然、経営の問題です。つまり「コト売り」の問題点は、多くの経営層が、戦い方、つまり戦闘教義を変えなければ実現できないことに気が付いていない点です。

　では戦い方をどう変えたらよいのでしょうか。ポイントは２つあります。１つは「時間軸」、もう１つは「ゴール設定」です。

時間軸：商談の数年前にはコンタクト

　時間軸から説明しましょう。BtoBビジネスをコト売りに転換しようと考えた場合、モノ売りの商談が発生する１〜３年前に顧客とコンタクトする必要があります。単位は「月」ではなく「年」です。ここを理解せず、営業マインドとか気配りといった定性的な話が先行していると、コト売りへの転換という方針には納得できても、「どうやって？」という「How」で困り果てて進めなくなってしまいます。

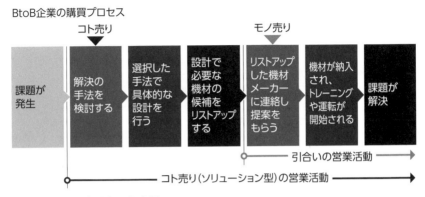

図表6-1 モノ売りとコト売り

BtoBの購買プロセスを考えてみましょう（**図表6-1**）。BtoBの製品・サービスを購入する主な目的は、課題解決かリスク回避です。企業内で「これは何とかしないとまずい」「将来すごく大きな問題になりそうだ」といった課題や回避すべきリスクが発生したとします。課題の解決にはさまざまな手法やパターンがあるので、今回はどのやり方でこの課題を解決しようかと検討します。

「今回はこの方法で課題を解決しよう」と決定したら、その方法で具体的な詳細設計を行います。その設計の過程で必要な機材やシステム、ツール、工作機械といったもののスペックが決まり、これらを提供できそうな企業がリストアップされ、オリエンテーションに呼ばれます。

オリエンテーションで概要説明と「RFP」と呼ばれるシートを渡し、渡されたベンダー各社は1～2週間後に提案をします。その提案の中から1社が選定され発注されます。納期内にRFP通りのスペックで納品され、それがきちんと稼働すれば課題も解決します。

モノ売りは、オリエンテーションに呼ばれてRFPを渡されるところがスタートです。対してコト売りは、そのずっと前の顧客企業内で課題が発芽したときか、遅くとも「今回はどのやり方でこの課題を解決しようかと検討」しているタイミングがスタートです。つまり、その時点でコンタクトしていなければなりません。

顧客内で解決プランが決定してしまえば、提案の余地はありません。ですから、顧客企業の奥深くで発芽した課題やお困り事について、競合他社が気付いていないタイミングで発見し、「一緒に課題を解決しましょう」というアプローチをしない限り、コト売りには転換できないのです。

企業の奥深くで発芽し、競合も顧客の他部署の人ですら気が付いていない課題を見つける仕組みがなければ、コト売りへの転換は不可能です。その仕組みが「デマンドセンター」です。

ゴール設定：ドリルを買う人が欲しかったもの

ポイントの2つ目はゴール設定です。モノ売りは製品やサービスの販売がゴールですが、コト売りは顧客の課題解決がゴールです。このゴールの違いによって、マーケティングの設計や戦術はまるで違ってきます。

説明するのに理想的な格言があります。1968年に出版されたセオドア・レビット博士の著書『マーケティング発想法』の冒頭にある「ドリルを買う人が欲しいのは「穴」である」という格言です。私はこの格言が大好きで、マーケティングで最も重要な格言の1つと考えています。正しく引用すると、次のようになります。

「ある日レオ・マックギブナはこう言った。昨年、4分の1インチ・ドリルが100万個売れたが、これは人びとが4分の1インチ・ドリルを欲したからでなく、4分の1インチの穴を欲したからである」

　私がこの格言が大好きな理由は、ともすればプロダクトアウト（売り手都合）になりがちな思考回路をチェックし、マーケットイン（買い手都合）に転換させてくれるからです。

　レビット博士に敬意を表してドリルを例に説明しましょう。

　ホームセンターの販売員が「今日の販売推奨品のドリルを10個売る」ことをゴールに設定した場合、売り場に来たすべての人に推奨商品を勧めるでしょう。もちろん無理強いはできませんから買う人はわずかです。

　それに対して、販売員が「顧客のお困り事を自分の専門知識を使って一緒に最適のドリルを選ぶことで解決しよう」とゴール設定した場合、まったく違う行動になるはずです。このゴールだと、売り場に来た人にドリルのスペックを説明しても意味はありません。「今日はどんなドリルをお探しですか？」という質問は、買いにきた人が自分の解決すべき課題を正確に理解している前提に立っていますが、そんなことはめったにありません。

　販売員が顧客と一緒に最適なドリルを選ぼうと思えば、まず知らなければならない情報は「穴を空ける対象の素材は何か（木材か、コンクリートか、鉄板か）」「電源は近くにあるのか」「誰が使うのか（屈強な男なのか、女性なのか、子供なのか）」「数個の穴を空ければよいのか」「毎日多くの穴を空けなければならないのか」そして「どんな大きさの穴を空けたいのか」「予算の上限はいくらか」といったことです。さらに突っ込んで「それは何をするための穴なのか」という目的まで聞かなければ、正しい判断を導き出せないかもしれません。

　これらの要件を正しく理解し、初めて必要なスペックが見えてきます。そのスペックと在庫商品をマッチングさせることで最適なドリルを選び出して勧めることができるのです。

顧客の課題解決は、販売目標より上位

コト売りのゴールは、顧客の課題を一緒に解決することです。そのゴールは、販売目標より上位に位置づけられます。「顧客の課題を一緒に解決しながら推奨ドリルを10個売りなさい」というのは無茶な話なのですが、中期経営計画に「コト売りへの転換」と明記してある企業の営業会議をのぞくと、そんな風景を見ることが多いのです。ゴール設定は経営戦略です。経営者がリーダーシップを発揮する以外に戦略に魂を入れる手段はありません。

勇気を奮って戦略に魂を入れると、目の前の景色は変わるものです。コト売りに転換すれば、シェアが小さな企業であっても、大きな企業と互角以上に戦えます。競争の要素から「金額」「在庫量」「短納期」などの要素が無くなるからです。代わりに、「顧客の本質的な課題を正しく理解し、整理して顧客と一緒に解決策を考える」というプロセスがあるので、プロフェッショナルのスキルが必要になります。そういうスキルをチームで付けることができれば、たとえ規模が小さくても十分に大手と勝負できるのです。

私ごとになりますが、当社は1990年の創業以来、どこかの下請けで仕事をしたことはありません。顧客の大半が大手企業なので、コンペになると相手は社員数で200倍、500倍の規模になることもあります。それでも当社を選んでいただける理由は、この「顧客課題の本質的な理解と解決」をゴールに設定しているからです。マーケティングキャンペーンを受注したいのではなく、そのキャンペーンで売上に貢献したいというスタンスを崩したことはありません。

第1章の冒頭でサンマテオでの想い出を書きました。もし外資系や国産のMAベンダーが事業のゴール設定を「MAの販売」ではなく、「MAの活用によって日本企業のマーケティング競争力を高める」としてくれていたら、今の日本のBtoBはまったく異なる様相になっていたと思っています。私は日本でMAが普及し始めた2014年から、メディアでの連載や講演の中で「今の

ままだと日本はMAの屍の山になります」と言い続けましたが、結果はその通りになってしまいました。

　モノ売りは、売り手側にとっては付加価値の無い疲弊するだけの形態で、購入側にとっても課題が解決しないまま時間とお金だけを失う不毛な形態です。だから私は多くの企業が本当の意味でコト売りへの転換に成功してほしいと考えていますし、そのためには「時間軸」と「ゴール設定」の２つのポイントを押さえ、戦略を構築することが肝要なのです。

6-3 | カスタマーはジャーニーしない

　「カスタマージャーニー」または「ジャーニーマップ」という言葉を聞いたことがあるかもしれません。顧客の体験をワイヤーフレームでつないで設計し、行動変容のポイントを分析して仮説を立てる方法です。数年前からマーケティングのバズワードの1つになりました。カスタマージャーニーを否定するつもりはなく、コンテンツマネジメントを考えるとき、この方法は重要だと思います。

BtoBではマップ通りにジャーニーしていない

　しかしBtoBの現場から見ると、少し過大評価されているような気もします。

　BtoBマーケティングの場合、カスタマージャーニーによってどれくらい商談を創出できているかと言えば、それほど多くないのです。これは、欧米のマーケティング現場で活躍する現役マーケターの一致した意見です。実際、MAとSFAをつないで受注に至った購買プロセスを分析してみると、マップ通りにジャーニーしていない例が大半だからです。エンタープライズBtoBはマーケティングもセールスもリードタイムが長いので、その間に離脱やフェードアウトが普通に起こります。「もう少しのところで担当者が異動になって振り出しに戻った」というのは珍しい話ではありません。

　大事なことは、企業の奥深くで突然、あるいはひっそりと発芽したビジネスチャンスを見逃さないで感知する仕組の構築であり、それこそがBtoBマーケターの使命であって、ジャーニーマップはその設計演習の1つにすぎないと思います。

　その理由を説明しましょう。まず理解しておきたいことは、BtoCでは製品・サービスの購入が目的になることがありますが、BtoBでは、目的ではなく手段だということです。

　BtoCの例として、ネクタイを挙げます。多少なりともファッションを気にするビジネスマンなら、ネクタイを100本以上持っていることは珍しくありません。男性にとってネクタイは知らないうちに増えてしまうものです。でもどんなにおしゃれな人でも、首は1本しかありません。毎日違うネクタイを着けたとして週に5本、月に2回同じネクタイを締めるとしても10本あれば十分です。パーティーや冠婚葬祭を考えても合計20本あればカバーできます。

　つまり合理的に考えてみれば適正在庫は20本です。でも、100本以上ネクタイを持っていて、その中の50本はもう1年以上着けていない人がアウトレットに行って素敵なネクタイを見かけたら、きっとまた購入するはずです。BtoCでは、購入する行為や保有していること自体が目的になるからです。

　一方で、BtoBではこんなことはめったに起こりません。それは購入することは目的ではなく手段であり、購買プロセスの中に「稟議」という仕組みがあるからです。ネクタイの例になぞらえると、ある企業がパーツの余剰在庫を抱え、原価割れで売却処分するか、廃棄して特損で計上しようかと話し合っているときに、同じパーツを購入する稟議を書いたとしたら、その人のキャリアは絶望的になるでしょう。

売り手が勝手につくったカスタマージャーニーで捉えることは難しい

　商談をパイプラインで管理するSFAを例に説明します。「うちはああいう営業支援ツール（SFA）の導入はないですね、社長も専務もああいうの嫌いですから」と言っていた企業があったとします。ある日その会社の社長が同業者の会合に参加し、いつも意識しているライバル企業の社長に「最近ど

う？」と声を掛けたとします。相手が「いやもう業績が伸びちゃってさ、今期の決算大変だよ、節税対策しなきゃ」と言われます。業績の維持に苦戦している自社とあまりにも違うので躍進の理由を聞いてみると「実は2年前にSFAを入れてパイプラインで案件を可視化してみたら、やっぱりあちこちで漏れているところが見えてきてね、見えれば手を打てるんだよ、そこに的確に指示を出したらやっぱり受注が伸びるんだよね」などと言われたとします。

社長は翌日の自社の経営会議で「わが社がいまだにSFAを導入してない理由は何だ。君たちはどういう情報収集をしてるんだ、時代に取り残されているのが分からんのか！」と雷を落とします。

SFAベンダーから見たらビジネスチャンスの扉が開いたのです。その瞬間から、この会社の情報システム部門、経営企画部門、販売推進部門、営業部門などのスタッフがみんなでWebを検索する、セミナーに申し込む、デモを見る、資料を請求する、動画を閲覧するといった大騒ぎが起きるのです。そうして収集した情報を基に候補を絞った上で商談を重ね、やがて導入するSFAが決定した瞬間にビジネスチャンスの扉は閉じます。次に開くのは5年後のリプレースの時かもしれません。扉が閉じた後でのこのこ訪問しても、文字通り「後の祭り」です。

このように、個別のビジネスチャンスの扉はさまざまな要因によって突然開くことが多く、それを売り手側が勝手につくったカスタマージャーニーで捉えることは難しいのです。これは私がMAのシナリオ機能によるステップメールを推奨しない理由でもあります。タイミングの悪いスパムメールを量産し、嫌われる結果を招くだけだからです。

中堅以上の規模をターゲットにしている企業のマーケターであれば、カスタマージャーニーに頼らずに、ある日突然企業の奥深くでひっそりと発芽したビジネスチャンスを見逃さないで感知し、ビジネスチャンスの扉が閉じる

までにリーチできる仕組みを構築することが何よりも大事だと考えています。それこそが本当に営業や販売代理店をサポートし、競合に先んじて商談を進めるために必要な仕組みであり、BtoB企業が持つべきデマンドセンターの役割なのです。

6-4 | 4つのプロセスと3つのエレメント

　デマンドセンターは、次の4つのプロセスで構成されています（詳しくは『BtoBのためのマーケティングオートメーション正しい選び方・使い方』（翔泳社）、『究極のBtoBマーケティングABM』（日経BP）を参照してください）。

・リードジェネレーション
・リードデータマネジメント
・リードナーチャリング
・リードクオリフィケーション

　さらにこの4つのプロセスのそれぞれには、次に示す3つのエレメント（要素）が必要です。

・データマネジメント
・コンテンツマネジメント
・アナリティクス

集めるデータの目標設定ができない

　「デマンドジェネレーションという言葉は知っているけど実現できない」「MAは導入したけど、案件を供給できていない」という事象を生み出す原因の1つは、この構造を理解しているかどうかです。個々に見れば、「見込み客データを収集するのになぜデータマネジメントが必要なのか？」「名寄せすべきデータが無いではないか？」と思われるかもしれませんが、手元にあるデータの企業数や個人数が把握できていなければ、本来は出展する展示会の選定はできないはずです。

　ある工作機械のマーケティングプランを想定してみましょう。市場を細分化し、ターゲットセグメントを「エンジンの部品メーカー」に選定し、部品加工用の提案プランを考えたとします。その際、現在エンジン部品を製造または加工する企業のデータを何社・何人分保有しているかを把握する必要があります。エンジンを組み込む機材は多岐にわたります。自動車はもちろんオートバイ、農機具、チェーンソーや刈払い機などの林業機材、そしてコンプレッサーや工事用発電機、データセンターの緊急バックアップ用発電機などにもディーゼルエンジンが使われます。こうした企業やそこに部品を納品しているサプライヤーの中で、生産技術部門などで機械の選定に関わる人のデータを何社・何人分保有しているかが把握できていなければ、展示会などで何社・何人分のデータを集めればよいのか、目標設定ができません。

　リード・ジェネレーション・プランとは、本来保有したいデータと今の保有データ数の差分を埋めるプランです。

　大型の展示会であれば数日間の会期で数万人という人が来場しますが、その中から狙った企業の狙った部署の人に出会いたい訳です。そうなると、コンテンツが非常に重要になります。ブースのキャッチコピーや造作、展示する資料、ブース内プレゼンなどで、収集するデータが変わってきます。収集したいペルソナはどういう情報を収集していて、どういう技術、課題、用語に反応するかを調べて散りばめなくてはなりません。

　そして、そのコンテンツが実際にターゲットセグメントデータを収集する上で効果があったどうかはアナリティクス（分析）しないと分かりません。BtoBマーケティングでは、同じ企業でも部署や役職によってターゲットになったり、まったくターゲットにならなかったりしますから、企業情報だけで判断するわけにはいかないのです。

「もう数年間は展示会に出なくてもよい」となることもある

　さらに、コスト分析も重要です。名刺のデータを1人分の個人情報としたとき、1人当たりいくらのコストで収集しているかを把握できていない企業が多いのです。これは工場で言えば、原材料の調達コストを誰も知らないという話になってしまいます。

　マーケティングの設計からお手伝いした際、社内に眠っていた営業名刺や展示会データを統合し、名寄せや企業の属性情報とのひも付けを行った結果、「もう数年間は展示会に出なくてもよいですね」という結論が出ることも珍しくありません。営業部門が消化できるアポイントが月に50件で年間600件に対して、保有データが7万社の21万人であれば、どう贅沢にスコアリングしても余ってしまいます。こういう場合、数年間は展示会用の予算を、リードジェネレーションから動画などのコンテンツ制作、販売代理店の営業用教育コンテンツ制作などにシフトしてもらうように提案します。

　このように、デマンドセンターの4つプロセスに3つのエレメントがしっかり効いていれば、人やお金や時間などの貴重な経営資源を適正に再配分することが可能です。ただこれも社内のマーケティング偏差値が高ければの話です。硬直化した組織で、予算は使途を明確にしないと申請できずに使い道の変更もできない組織の場合、展示会をやめてその分を代理店強化に使うことができないため、担当者が確保した予算を予定通り消化しようと考えてしまうのです。

6-5 マーケティング組織の適正人数

　「ウチの規模で適正なマーケティングチームって何人くらいでしょうか？」。最近こんな質問をいただくことが多くなりました。この質問への私の答えは、「期待する成果によってまったく異なります」です。

　自動車を例に説明しましょう。基本的にエンジンで駆動する自動車は「道路交通法を守って道路を走り、安全に人や荷物を運ぶこと」が利用目的であり、かなり限定されています。水の上を走ることも、空を飛ぶことも、時速250kmで走行することも想定しなくてよいのです。しかしその限定された用途と法律の中でさえ、軽自動車の660ccから大型トラックの30,000ccを超えるものまで、さまざまな大きさやいろいろな種類のエンジンが存在します。この違いは自動車の用途、つまり「期待する成果」です。軽い荷物を近距離に運ぶなら農家の庭先によく置いてある軽トラックが最も便利です。しかし40フィートの大型コンテナを港から遠くの物流センターまで運ぶならやはり30,000ccの排気量が必要になるでしょう。

　では、マーケティング部門の適正規模は何を基準に決めるのでしょうか。3つのポイントを順に説明します。

マーケティング部門適正規模のポイント1　業務範囲

　BtoBマーケティングの業務を挙げると切りがありません。例えば、広報・PR、リサーチ、ユーザー会やプライベートイベントの事務局、カタログやパンフレットの作成、自社Webサイトの運用管理、コンテンツ制作や事例ヒアリング、メールマガジンのライティング、データ分析、インサイドセールスなど多岐にわたります。

もし上場クラスの企業でこれらを全部業務分掌に入れた組織をつくるなら、マーケティング部門は100人規模になるでしょう。売上規模が1兆円を超える企業なら100人でも足りないかもしれません。だから何をどこまでやらせるかを決めない限り適正な規模は算出できないのです。

マーケティング部門適正規模のポイント2　期待する成果との整合性

　売上1,500億円の企業を例に話します。マーケティング活動が展示会や広報などを指す企業の場合、今の1,500億円の売上にマーケティング由来のものは無いはずです。この企業が3年後に売上を2,000億円にするという事業計画を立てたとして、その中のいくらをマーケティング由来の商談に期待するのかが「期待する成果」になります。既存の顧客から営業が掘り起こす新規案件や、顧客からの紹介案件など営業部門の頑張りで300億円は積めると仮定すれば、残りの200億円の売上をマーケティング由来として期待することになります。

　200億円の売上を逆引きで計算してみましょう。A案件（受注確度の高い案件）からの受注決定率が50%とすると、400億円分のA案件が必要になります。営業がアクセプトした商談であるSALからのA案件化率が50%なら800億円分のSALとなり、デマンドセンターから供給した商談MQLからのアクセプト率を50%とすれば、この会社のデマンドセンターは3年後には年間1,600億円分の商談を作る必要があります。

　さて、年間1,600億円分の商談を営業や販売代理店に供給する仕組みをつくるために会社が用意した人員がマーケティング未経験の3人で、予算はMAのライセンス費用を入れて年間で3,500万円とするならば、この会社のデマンドセンターが3年後に1,600億円の商談を供給できる可能性は残念ながら限りなくゼロだと思います。

　BtoC企業のように「売上の何%を宣伝広告に」というセオリーや目安はあ

りません。それよりも期待する成果にふさわしい人材の質と量、権限、そして、予算を持っているかどうかが重要なのです。

　「マーケティング部門をつくったが売上に貢献していない、どうもうまくいっていない」と嘆く経営者に、「今はどのくらいの社内リソースと予算を割いていますか？」と質問してみると、「その人数や予算で成果を期待するのはいくら何でも無理ではないですか」という結論になることが多いのです。

マーケティング部門適正規模のポイント3　内製化

　人数や予算などの規模に最も関係するのが、この内製化かもしれません。しかも初期においては失敗確率と最も強い相関を持っています。展示会に出展する企業は多いですが、ブースの施工を自社でやるという話はほとんど聞いたことがありません。木工ならば大工さんの仕事であり、内装屋さんの仕事です。必要な技術と道具を持っているから効率的に造作ができるのです。施工業者は毎日その道具と技術を使ってブースを施工しています。出展企業の担当者が道具を買いそろえて技術を学んだとしても、いったい年間で何回出番があるでしょうか。

　すべてを内製化することは、多くの場合あまり効率が良いとは言えません。特にBtoBマーケティングはデータマネジメントからコンテンツマネジメント、アナリティクスに至るまで作業の連続です。作業はプロの方が早く安くうまくできることが多いのです。

　マーケティング立ち上げの初期においては、プロ集団に依頼するのを勧めるのはそういう理由です。でもそれには予算が必要ですが、日本企業は初めての取り組みに対する予算確保が苦手なのです。

「マーケティング部門に最初から多くの人は割けません。予算も最小でスタートして成果が出たら、その時はもちろん人も予算も増やします」

こういう企業は少なくありませんが、私はこう言うようにしています。

「どんなことでも本気で取り組まないと成果は出ません。それはマーケティングも同じです。スモールスタートでもいいですが、人材や商材、他部門の支援体制などは御社の本気を証明するレベルですか？」

日本のBtoB企業がマーケティングで成果を出せていない最も大きな理由は、企業が本気で取り組まなかったことだと私は考えています。

業務範囲や期待する成果に対して適切な人と予算を投入し、支援体制を敷かなければ最初から失敗は目に見えています。ですから、良い人材や水準に見合った予算を割けない事情がもしあるとすれば、最初からやらない方がよいでしょう。失敗したという結果だけ残ると、後で再挑戦するときのネガティブな材料になるだけです。

マーケティングは単なるキャンペーンではありません。経営戦略の根幹であり、デマンドセンターはその戦略を実現するためのインフラです。チャレンジするなら、それにふさわしい成功の条件を整えなければ成果は出ないのです。

6-6 デマンドセンターの組織体系

デマンドセンターは、「どこにどういう規模で置く」べきでしょうか。第6章の最後でこの問いに答えるために、日本企業の構造から説明します。

日本企業は縦糸ばかりで横糸無し

日本企業は縦糸ばかりの構造だと私は考えています。売っている製品やサービスに特化して、縦糸をつくりそれをどんどん強化しています。製造業であれば、ある技術や製品を開発する研究開発センターがその事業部の事業所（工場）の敷地内にあり、そこで生まれた製品を事業所で量産し、その事業部の営業が販売し、その事業部にひも付いた代理店網を通じて世界に広げていきます。組織構造がカンパニー制であろうが事業部制であろうが、基本的には同じです。営業は自分の売っている製品やサービスの専門家になり、それをもって顧客の信頼を勝ち得ようとします。これはとても良いことで、日本企業が既存顧客との信頼関係の構築や維持において世界有数といわれるゆえんでもあります。

問題は、縦糸を束ねる横糸の組織が存在しないことです。プロのマーケターは、製品を技術や社内リソースの観点からではなく、市場から見るトレーニングを積んでいます。マーケターの視点を入れることで、まったく違う製品や異なる技術をベースにしているサービスでありながら、「市場」つまりターゲット企業や部署が一致するケースが見えてきます。

同じ会社の同じ部署をターゲットにしているのであれば、当然、社内で情報を共有し、可能であれば共同提案をすべきでしょう。これがターゲット企業の情報を戦略的に統合管理して実現するABMの発想です。

顧客側も、細かい分離発注はトラブルが発生したときの切り分けに苦労することを知っていますから、シナジーの効く提案を望んでいます。にもかかわらず、サービスを提供する側が他部門の製品やサービスに興味が無く、訪問先の企業のロビーで同僚と鉢合わせ「おっ、今日はどこの部署に来たの？」などと話している場面をよく見かけます。

組織の横糸は、人だけではつくれない

　実はこの問題を、営業部門内で解決することは不可能です。というのは、自分たちが担当していない自社製品のニーズを見つけたとしても、専門知識は無いし、社内で紹介しても自分や自部門の成績には貢献しないからです。

　そこで、いくつかの日本企業はこの問題を解決するためにアカウント制を導入しました。担当営業にすべての製品やサービスを販売させることで、横糸をつくろうと考えたのです。

　しかしこれも私から見ると、成功事例は非常に少ないと言わなければなりません。なぜなら、多くの企業は製品やサービスラインが途方もなく多く、それを少数の担当者が覚えることも、最新の情報をキャッチアップすることも難しいからです。営業は詳しくない製品や、売った経験のないサービスのことは話しません。もし顧客に突っ込まれて答えられなかったら、自分の信用を失うことを知っているからです。

　でもアカウント制を採用している以上、その顧客に自社の他の営業が行くことはありません。このため、担当者のキャパシティが企業のキャパシティになってしまいます。こうした問題を補填するために、製造業や金融業などの取引先の業種に特化した営業部門をつくり、さらに製品に特化した営業部門をつくるなど対応していますが、これも顧客訪問の人数がやたらと増えるだけで、残念ながらきちんと機能しているようには見えません。

　結局のところ、私は、横糸を人的リソースだけでつくるのは無理だと思います。ITテクノロジーとオンラインコミュニケーションを組み合わせたデマンドセンターと呼ばれるマーケティングの仕組みを構築しない限り、いつまでたっても縦糸がバラバラに動いてあちこちで絡まったままです。営業活動は戦略的にも統合的にもなりませんし、顧客情報がシェアされることもありません。

　今、多くのBtoB企業でマーケティングに取り組む動きが加速する背景には、このように「縦糸だけが強化されて横糸がまったくない現状を変えなければならない」という問題意識があります。縦糸と横糸を編んで初めて面を取ることができます。顧客企業の点や線よりも、面でしっかり押さえた方がより強い関係を構築できるのは当然です。

第**7**章

その先のアラインメントへ

最後の章では、マーケティングと営業とものづくりが連携した、あるべき姿をまとめます。世界の先端の姿であり、日本企業が世界の市場で戦うには、たとえ何年かかっても実現しなければならない到達点です。

　マーケティングの基礎知識を学び、共通言語にできたら、マーケティングで売上を設計してチェックできなくてはなりません。その指針として、私は「売上の方程式」を使ってきました。本章ではこの方程式を説明します。

　外資系企業の日本法人は、本社から見たら地域の営業拠点です。営業所長である日本支社長の下で組織をつくりますが、多くの場合、日本支社のマーケティング部門は日本支社長の配下ではありません。レポートラインはあくまで本社のCMOです。その意味は、「戦略には自由度を与えてはならず、戦術には自由度を与えなくてはならない」からです。

　同様に日本に本社を置く日本企業もグローバル・デマンドセンターを構築し、グローバル市場で統合的なマーケティング戦略を企画、実施しなくてはなりません。アラインメントの中に、本社とリージョン（現地法人）も加え、世界戦略を実現するのです。

　世界との差はいまだ大きく、世界は我々より早く進化しています。進化のスピードを上げ、追い付き、追い越さなくては、日本の輝きはどんどん失われていくでしょう。

　その先の未来へ通じる扉の鍵は、マーケティングです。

7-1 方程式で見るアラインメントの役割分担

　BtoB企業の売上の方程式は、次の通りです（**図表7-1**）。

　これは売上の構造を数式化したモデルで、私は25年も前から使っています。この方程式の変数を増やしたり、分数にしたりして改良したものを見ることがありますが、実務の設計や考察で使うならできるだけシンプルな方がよいでしょう。

　「売上」が目的変数で、他の３つが説明変数、その関係は「積」、つまり掛け算です。足し算ではないことが重要です。この方程式を使ってマーケティング部門、営業部門、ものづくり部門の3部門で連携し、それぞれの変数に責任を持つことで実数を把握して向上させることができるのです。それぞれの変数の意味と特徴を説明します。

売上
　製品や事業部の売上と、デマンドセンター由来の売上があります。前者は事業計画を立案したり、その実現可能性をシミュレーションしたりするときに便利ですが、そうするには既存顧客からの引き合いも含めて計算する必要があり、全営業の予算や保有案件を合計する必要があります。

　基本的にはデマンドセンター由来の売上だけで算出するケースが多く、ま

図表7-1　売上の方程式

た案件単価や決定率が大きく異なる商材の場合は、商材ごとに方程式を作り、それらを合計することで、できるだけ実数を把握するようにしています。これにより、マーケティング部門がSFAや販売管理システムへアクセスして類推することが可能です。

案件数

案件数は「商談数」とも呼ばれ、マーケティング部門が責任を持つべき変数です。この変数は、他の2つに比べて外部要因の影響をあまり受けないという特徴があります。「決定率」や「案件単価」は、世の中の景気や代理店の営業リソース、競合のディスカウントキャンペーンなどの外部要因の影響を受けやすいのに対して、「案件数」はマーケティングを正しく設計・実施することによって積み上げることができる、最もコントロールしやすい変数です。

当社では、この案件にSALを入れて計算します。パイプラインを流れている案件をカウントしないと意味が無いので、営業が追わなかったり、案件ではないと判断したりしたものは数えません。デマンドセンター由来以外も入れたい場合はSGL、日本で言う「引き合い」も含めることになり、多くの場合は由来が違う案件は減衰率が異なるので、別で計算する方が現実的です。

決定率

決定率は、営業部門が責任を持つべき変数です。外部要因の影響を最も強く受けるのでコントロールが難しい変数です。決定率を上げるためによく行われるのは、営業研修などでのスキルアップです。ただ、営業スキルは競合企業との相対的な比較になるので、競合もスキルアップすると自社の優位性は相殺されます。

昔は自衛隊への体験入隊や過酷な特訓合宿、駅前での名刺交換などのスパルタ教育が主流でしたが、現代では営業コンサルの採用、コーチングの導入、

営業組織の改変、インセンティブ制の導入、そしてSFAでのパイプラインマネジメントの導入であり、「セールスイネーブルメント」と呼ばれるソリューション群の採用などで決定率を上げることが一般的になりました。

　BtoBの場合、直販よりもチャネルと呼ばれる販売代理店を活用するケースが多く、この販売代理店の選定、教育・研修、マネジメントなどの重要性が増しています。ここはPRM（Partner Relationship Management）やチャネルマネジメントと呼ばれる分野で、マーケティング先進国では既に多くのナレッジやソリューションが存在します。

　「決定率」の扱いが難しい理由の1つは、売上のメカニズムの中で、決定率の向上で解決できる範囲が意外なほど狭いことです。なぜなら、予定通りに売れていない原因が「決定率」では無いケースが多いからです。「決定率」が原因であると特定するには、大半の営業が良い案件を潤沢に持っていることが前提になります。そうでないなら、問題は「決定率」ではなく、営業が良い案件を持っていないことに原因を求めるべきでしょう。

　良い案件を十分に持っているにもかかわらず、「受注できない」「競合に負けて失注が続いている」「あったはずの案件が行方不明になってしまう」といった場合、「決定率」に問題があると考えられます。しかしその場合でも競合に負ける原因が商材そのものにある場合は、営業スキルの向上ではカバーできません。「当社の製品は顧客にとって決定的に重要な機能を持っていない」「価格競争力がまったく無い」などの場合、決定率を向上させるには商材を見直すしか方法がありません。決定率に常に目を配り、数値の変化を感知して原因を探ることはとても重要です。

案件単価

　多くの場合、案件単価はものづくり部門が責任を持つべき変数です。気を付けなければならないのは、「製品単価」ではない点です。製品単価が50円

だとしても、ある製品の部品として図面に品番を書き込んでもらうことができれば年間で2,000万円の売上が期待できる場合、案件単価は2,000万円になります。

製品やサービスを単体で販売する場合、それを企画・設計したものづくり部門が価格を決めます。複数のデバイスをボードにセットアップして販売する場合、営業が価格決定するでしょう。ソフトウエアでも単体での販売なら、製品企画などのものづくり部門に価格決定権がありますが、そのソフトウエアをコンサルティングや開発を絡めて販売する場合はコンサルタントや開発エンジニアの工数が発生するため、営業に価格決定権があるでしょう。

案件単価は決定率と強い相関を持っていて、競合製品の価格やスペックを考慮しないで上げると決定率を引き下げる結果になります。逆に価格を引き下げると決定率を上げることができますが、利益を圧迫する上に元の価格に戻すことが難しくなるので、注意が必要です。

BtoBの場合、担当者は稟議を書きますが自分のポケットマネーで支払うわけではありません。実は売れない理由の「価格が高いから」は、営業の言い訳の場合が多いのです。高価格の理由とそれが顧客の課題解決にどうつながるかを正しく伝えられなければ、高い価格はネガティブにしかなりません。しかし、業界最大のシェアを持つ製品の多くは価格もハイエンドです。最も高い製品が最もよく売れているのです。

どの説明変数を上げるにしても、他の変数を下げてはいけない

この方程式を使う場合の注意点は「どの説明変数を上げるにしても、そのことによって他の変数を下げてはいけない」ということです。価格改定によってスペックを変えずに案件単価を上げようとすれば、決定率が激しく低下し、悪くするとゼロになるはずです。掛け算ですから、ゼロがあれば答えはゼロにしかなりません。私はこの理由で、案件単価を上げることには消極

的です。

　もし価格を上げるのなら、顧客や営業が納得するメリットが無ければなりません。その差額がメリットとバランスしていれば顧客は受け入れてくれるでしょう。価格を上げる正当な理由は「スペックアップ」「短納期化」「他のサービスを付加した複合パッケージ化」などですが、競合がいる中でこれを実行することは、顧客を失うリスクも伴うため容易ではないはずです。

「案件数」にこだわる

　忙しそうに顧客を訪問している営業パーソンが、良い案件を持っているとは限りません。BtoBの場合、営業の多くは担当企業やエリアを持っています。自分が担当している企業の担当者ならアポイントは取れます。定期的な顧客訪問もあるはずです。営業のスケジュールはいつも埋まっていて、訪問の段取りや持参する資料などで忙しそうにしていますが、実は売上につながる「良い案件」は持っていないということが多いのです。もちろん営業パーソンは自分が売上で評価されることを知っていますから、誰よりも「売りたい」と強く思っています。クロージングの方法も知っています。問題はクロージングすべき良い案件を持っていないことなのです。

　各変数の意味と特徴を理解すれば、コントロールの難しい「決定率」や「案件単価」は現状を維持し、「案件数」を上げることで「売上」を引き上げる方が理にかなっていることがわかると思います。

マーケティングが「売れる仕組みをつくること」であるなら、売れない原因を突き止めることも大切な仕事です。そのチェックも、図表7-1に示した売上の方程式を使います。

「案件数」を軸にしたマーケティング設計

少し具体的に、第1章の「事業部予算会議を実況すれば」の例で見てみましょう。案件単価3,000万円の制御機器で30億円の穴を埋めるというものでした。これを方程式に当てはめると以下のようになります。

30億円（売上）= 335件（案件数）× 30％（決定率）× 3,000万円（案件単価）

335件のSALが必要なのは年間ですから、これを月に直すと28件になります。SALの計算根拠は、

「MQL×アクセプト率」

になります。上記のケースでは50％なので、MQLが毎月56件必要になります。MQLはアポイントと資料請求、問い合わせなどの合計ですが、ここでは単純化するためにアポイントで50件、その他で6件として説明しましょう。

50件のアポイントの計算根拠は

「到達数×アポイント率」

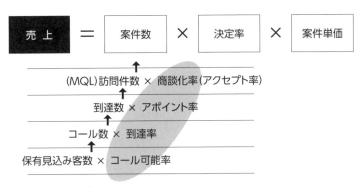

図表7-2　売上の方程式

です。到達数とは電話をかけたときに本人と話ができた数です。アポイント率を40%とすると、到達数は125件が必要です。到達数は、

「コール数×到達率」

で出しますから、125件の到達数を60%の到達率で出そうと思えば、210件にコールする必要があります。1件に対するコール数は平均3回とし、毎月合計630コールできるインサイドチームが必要になります。これだけなら1～2人のコールスタッフで足りるでしょう（**図表7-2**）。

　「到達率」「アポイント率」「アクセプト率（案件化率）」の3つの変数を把握し、手を打てば案件数は必ず上がります。そしてこの3つの変数に責任を持つのがデマンドセンターなのです。

「到達率」と「アポイント率」がボトルネック

　案件数をつくるときの最大のポイントは、「到達率」と「アポイント率」です。この2つの変数がボトルネックなのです。ここを分解している理由は、アポイントが取れない原因を把握しなくては手が打てないからです。仮にコール数に対するアポイント率が1%だとしても、到達率が低いのか、到達

からのアポイント率が低いのかで次に打つ手はまったく違うものになります。「アポイントが取れない」という報告だけでは有効な手が打てないのです。

　1つの目安は、到達率70%でアポイント率35%です。これが達成できると、コール数に対するアポイント率は約25%になりますから、30件のアポイントを供給しようと思えば120件のコールリスト、50件なら200件のコールリストがあればよいのです。仮に5万件のリードデータを保有している企業であれば、毎月のスコアで最上位になった200件だけがコール対象になりますから、しつこい電話でリストを枯らすリスクは小さいと言えます。

　「到達率を上げる」「アポイント率を上げる」にはどうしたらよいのでしょうか。ビジネスの電話は本人と話ができるまで複数回コールするのが普通です。外出している、席を外している、他の電話に出ているなどの理由により到達できないからです。逆に2,3回かけても本人とつながらないとしたら「居留守」を疑うべきでしょう。

　なぜそこに居るのに電話を取ってくれないのか。理由は「忙しいから」です。昔と違って残業も休日出勤もできません、時間は以前よりはるかに貴重なリソースになっています。人は忙しくなるとシャワーのように送られてくる情報を見るのではなく、その時に自分の欲しい情報を自分から取りに行くようになります。これがテレビや新聞が衰退してきた原因の1つです。

日本でナーチャリングに適したメディアはメールマガジン
　責任感のあるビジネスパーソンであればこそ、自分が抱える課題を解決するヒントにしか反応しなくなるものです。ここにナーチャリングが使われるのです。つまり、自社の製品やサービスやノウハウがどういう企業のどんな課題を解決したのかという事例を伝えることで、ちょっと話を聞いてみよう、会って詳しく聞いてみよう、となるのです。

　問題はそれを伝えるメディアです。電話は到達しない以上使えません。ですから電話以外のチャネルでナーチャリングしなくてはなりません。欧米ではここにSNSが使われるようになりましたが、これはLinkedInの普及によるところが大きく、それ以外のSNSは日本ではまだビジネスに貢献しているとは言えない状態です。日本ではLinkedInの普及も遅れています。今の日本でナーチャリングに最も適したメディアはメールやメールマガジンといえるでしょう。

　このように、必要な受注金額から逆引きで、A案件数（受注確度の高い案件）、案件数、アポイント数、到達数と設計できます。新しい商材でのシミュレーションや新しい地域での案件発掘に貢献できれば、マーケティング部門は全体最適に生まれ変わったと言ってよく、営業部門やものづくり部門から頼りにされるようになるでしょう。

　逆引きで設計できるということは全体がつながった、つまり全体最適になったということであり、何よりもマーケティング偏差値が向上したことを意味します。

7-3 | 世界の潮流はアラインメント

　この5年間を見ると、欧米のBtoBマーケティングのカンファレンスで露出が増えたてきた言葉が「アラインメント」（Alignment：連携）です。時には大きなイベントのタイトルになるほど、今この言葉は重視されています。マーケティング偏差値を向上させてマーケティングとセールスを再構築し、デマンドセンターが企業の戦略的インフラとして機能するところまで進化を遂げた企業が目指すべき「その先」が、「アラインメント」なのです。その先と言っても夢や理想ではありません。2020年現在の世界の最先端がそこにありますから、そこを目指すべきなのです。

　この本で何度も書いている「部分最適を改め、全体最適で再設計してマーケティングとセールスを連携させましょう」ということと、世界で今語られている「アラインメント」は同じではありません。今、世界で語られている「アラインメント」は、マーケティング部門と営業部門、さらに研究開発や設計、生産技術などのものづくり部門までを含んだ連携なのです（**図表7-3**）。

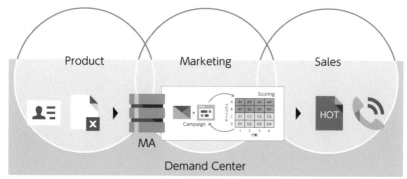

図表7-3　アラインメント

　デマンドセンターというマーケティングのインフラを整備し、そこで全社のデータを統合管理し、コミュニケーションを繰り返してナーチャリングし、製品やサービスごとに異なるスコアリングモデルで絞り込みインサイドセールスに供給するところまでは、既に先進国のBtoB企業の標準となっています。レベルや手法、使っているツールに違いはあっても、ほとんどの企業は既にこの段階の整備を終えています。

　さらに、マーケティング先進国ではデマンドセンターのプラットフォームであるMAと、セールスパイプラインのプラットフォームであるSFAも連携されています。SFAは日本のような営業日報ではなく、案件の進捗をパイプラインで可視化しながら原材料の発注、製造ラインの組み替え、そしてIRにまで活用されています。そのために必要なステータスの定義もそろっており、営業部長の独断で定義を変更したり、社内でバラバラになったりすることもありません。

　このデマンドセンターへのアクセス権を持っているのはマーケティングや営業だけでなく、研究開発、設計、生産技術などの「ものづくり部門」も同じデータを見ています。どういう業種のどういう部署のどんな肩書きの人にとって今この情報が旬なのか、この情報にはそれほど関心を示さないのにこの事例にはこんなに多くの人が興味を持つのかなど、リアルタイムで見ながら製品開発や設計変更を行っています。

　現代風の言い方をするならば、カスタマーセントリック（顧客中心に）でアラインメント（連携）しているのですが、これが実現すれば、顧客が望んでいない機能を追加して価格を上げたり、顧客が慣れて使い倒している機能を一新して顧客離反のきっかけをつくったりすることはなくなります。

私は、コンサルティングをする顧客が製造業であれば、工場を見学させてもらうようにしています。その企業の魂がそこにある気がするからで、どの工場にも必ず文化や誇りがあり、ストーリーがあります。また、大きな工場の敷地の片隅に、雰囲気の違う建物があることが少なくありません。それは多くの場合、研究開発棟と呼ばれる建物で、中には博士号を持つ研究者がさまざまな研究をしています。そこで研究員の話を聞きながら、私は質問します。

「御社の営業部門の方とはどのくらいの頻度で会っていますか？」

　実は「ほとんど会わない」「時々会う程度」などの答えが多いのです。日本企業の弱点は、顧客や市場と自社のインターフェースが営業だけだと書きました。そして、その唯一のインターフェースと会わないで製品開発をしています。恐らく昔からそうなのでしょう。あまり気にされていないようですが、私は不安だろうなと思ってしまいます。

　製品やサービスの評価は顧客がするものです。買うか買わないかを決めるのも、競合にスイッチするのも顧客が判断します。ビジネスの世界では、顧客やその集合である市場は誰よりも注視しなければならない存在です。市場とのインターフェースを複数確保する意味でデジタルを推奨していますが、それすら持っていない企業のものづくり部門の人たちが営業とも会わないとしたら、顧客を満足させる製品を生み出す確率は下がり続けているはずです。かつてのように単に安くすれば、軽くすれば、小さくすれば、などの一定方向に進化させればよかった時代は終わりました。STPでターゲット市場を定義し、そこの動向を注視しながら製品を開発しなければ生き残れない時代なのです。

　図表7-4は、SiriusDecisonsのイベントのひとこまです。創業者のジョン・ネーサンが、アラインメントに成功した企業は15％も早く成長し、19％も利

図表7-4　SiriusDecisonsのイベント

益を増やしていると説明しています。規模の大きなエンタープライズ企業に
とって15%や19%は驚くべき数字ですが、権威あるリサーチファームの数字
を疑う必要は無いでしょう。それに気付いた企業は「イノベーションセン
ター」とか「共創ラボ」と言った名前で顧客と一緒にものづくりを始めよう
としています。それはとても良いことです。

　しかし、ラボは呼ぶ人や企業の数に限りがあります。競合を同時に招待す
るわけにはいきませんし、ベテランのエンジニアや研究員を配置しなければ
なりません。コストもかかり、時間と人を拘束します。だからベテラン営業
パーソンをデジタルで補完するように、イノベーションセンターもデジタル
で補完しなければ非効率になってしまいます。それが「アラインメント」な
のです。

　さらにアラインメントは、本社とリージョン（現地法人）との関係も変え
ます。今までは硬直した指示系統ですべてを本社の指示に従わせるか、逆に
現地の実情に合わせて任せていくかのどちらかでした。グローバルデマンド
センターを構築し、そこにデータやコンテンツを集約しながら、そのコンテ
ンツのローカライズやデザインなどは現地に任せ、それをグローバルのマー

ケティング・営業・ものづくりでシェアをしながら各リージョンに対して有効な手を打っていく時代になっています。これは言うまでもなく、グローバル全体のマーケティング偏差値が高くないとできないことです。コンテンツはローカライズしても、個人情報の取り扱いポリシーや基本的な定義などはグローバルで統一されています。戦略には自由度を与えず、戦術には自由度を与えているのです。

2020年現在、1万種類を超えたといわれているMarTechという分野で最先端は何かと問われれば、「プレディクティブアナリティクス」（Predictive Analytics）と呼ばれる「未来予測エンジン」と答える人が多いでしょう。自社で蓄積した独自の顧客データをファーストパーティデータ、パブリッシャーの管理するデータをセカンドパーティデータとし、第三者がクッキーやIPによって獲得したオーディエンスデータをサードパーティデータとしてこれらを統合分析し、どの企業がどの分野にいつごろいくらくらいの投資をするかを予測するものです。

こう説明すると大層に聞こえるかもしれませんが、そもそもCRM以来、データベースを使ったマーケティングとは、「未来に買ってくれそうな人や企業」あるいは「未来に離反しそうな人や企業」を予測して先に手を打つことを目的にしていますから、コンセプトとしてはそれほど新しいわけではありません。セカンドパーティやサードパーティなど大量の外部データを動員してリアルタイムに分析することが新しいだけです。

しかし私は、プレディクティブアナリティクスより、組織的なアラインメントの方がはるかに成果を上げると考えています。価値ある情報はサーバーではなく人の中にあるものです。サーバーやデータだけではなく、人の集合である組織を連携させる方が新しい価値を生み出せるものなのです。

マーケティング偏差値を向上させた企業が、デマンドセンターというイン

フラを整備し、顧客の属性や行動データをリアルタイムにシェアしながら
マーケティングという共通言語を使ってコミュニケーションすることで、ど
んなアルゴリズムよりも正確に顧客内の奥深くで発芽したビジネスチャンス
を探り当てる瞬間を、私は何度も見ています。

　この本の主題は「マーケティング偏差値を向上させてマーケティング＆
セールスを再構築する」です。私は日本のBtoB企業が今の混迷から抜け出
して世界で戦うにはこれしかないと考えています。

あとがきに変えて

　2020年は新型コロナ（COVID-19）の足音と共に始まりました。この疫病はあっという間に世界を覆い尽くし、東京オリンピック・パラリンピックを吹き飛ばし、世界を一変させ、その猛威は今も続いていて人間社会や文明のもろさを嫌というほど教えてくれました。

　COVID-19が我々に教えてくれたもう1つのことは、「稼ぐことの価値」です。企業も個人も稼ぐ力がいかに大切かを今ほど痛感したことは無いでしょう。財務体質の強い企業は真っ先に在宅勤務を実施しました。誰も出勤しないオフィスを維持するために高額な家賃を払い続け、そのまま年末までは在宅勤務を宣言した企業もありました。高い給与をもらっている人は居住環境にも通信環境にも余裕があるので、在宅でも快適に仕事ができています。

　一方で財務体質が弱い企業は、新卒の内定を取り消し、派遣社員を解約し、社員を解雇し、オフィスを解約し、それでも持ちこたえられない多くの企業は倒産していくことになるでしょう。給与の高くない人は居住環境にも余裕が無いので在宅での仕事もままならないでしょう。

　それが、COVID-19が我々に突きつけた現実です。

　社員の生活を守り、顧客を守り、家族を守るには稼がなくてはなりません。社会の公器である企業は雇用と納税で社会貢献することが王道です。

　企業や個人が税金を納めなければ、政府は社会的弱者を守れないのです。

　そのためには、絶対にマーケティングが必要です。マーケティング偏差値

を向上させ、賢く、逞しく稼ぎ続けなければなりません。

そういうタイミングにマーケティングを啓蒙する本書を書くことができて、心から良かったと考えています。

当初「秋ごろに出版かな」とノンビリ構えていたこの本の上梓が早くなった理由は、ひとえに新型コロナ（COVID-19）の影響です。4月に予定していたインドネシア出張、5月の米国出張が流れ、4月からは基本的に在宅勤務となりました。家族に肺疾患者がいる私は、自主隔離として赤城南麓にあるシンフォニーの森の小さなコテージで、1人で過ごしました。その間に、原稿を一気に書き上げることができたのです。ウイルスにお礼を言う気はありませんが、「書く時間」が捻出されたのは事実です。

私にとって6冊目のこの本の編集は、日経BPの松山貴之さんが担当してくださいました。経験豊かな編集者のアイデアと鋭く的確なアドバイスのおかげでこの本が生まれました。心から感謝申し上げます。

出版にあたり、超ご多忙の中、パナソニック株式会社コネクティッドソリューションズ社常務チーフマーケティングオフィサー（CMO）の山口有希子さんが帯にメッセージを寄せてくれました。山口さんは大手外資系企業と大手日本企業、製造業とITサービス業、事業者側とマーケティングサービスサプライヤー側、そして広報とマーケティングとセールスというキャリアをクロスで持っている日本では希有の存在です。心から感謝申し上げます。

文中の図版については、当社デザイナーの小林青児が激務の合間を縫って協力してくれました。広報担当の中西真弓は、事務局としてサポートしてくれました。いつも私の連載などの校正をしてくれている彼女は表記の揺れや漢字の開きなどで的確なアドバイスをしてくれました。

　MAやデータマネジメントに関しては当社の取締役CDO（チーフデータマネジメントオフィサー）の田中亜矢子がアドバイスをしてくれました。彼女はEloqua、Marketo、Pardot、HubSpot、Silverpop、Neolaneなど世界のMAトップ6ブランドすべてのサンドボックスIDを持ち、実際に日本語データで運用した経験を持つ世界で唯一の人です。尽力してくれた3人に改めて感謝したいと思います。

　今までの5冊と同じく、本書の企画、構成、章立て、そしてその内容と表現、校正など全体にわたって当社の丸山直子副社長が監修してくれました。彼女の言葉は時にマタギのナイフのように鋭く、私のアイデアや文節を遠慮会釈なしにバッサリ切り捨てるので、いつもその瞬間はカッカするのですが、頭を冷やすとたいてい彼女が正しく、丸山のアドバイスのおかげで曲がりなりにも多くの人に読んでいただける本が書けています。改めて感謝したいと思います。

　この本を書いている最中に友人である作家のC.W.ニコルさんの訃報が届きました。もう25年以上前にニコルさんと知り合い、「自分の故郷の森を守らないとダメだ」という言葉でシンフォニーの森を購入し、見よう見まねで手入れを始め、森の奥に小さなコテージを建てました。この本はそこで書きました。亡きニコルさんにも感謝を捧げたいと思います。

　最後に、執筆に入ると自宅でも森のコテージでも、出先でもひたすらキーボードをたたく私を支え、いつもそっとおいしいコーヒーを淹れてくれる奥さんに感謝したいと思います。

2020年盛夏
赤城南麓のシンフォニーの森にて
庭山一郎

マーケティング用語集

アーリー・アドプター：Early Adopter
イノベータ理論における5分類のうちの1つ。イノベータと同様に、市場に投入されて間もない商品・サービスを早い段階で採用するグループ。テクノロジーそのものではなく、それがもたらす価値や利便性に関心を示す。

アーリー・マジョリティ：Early Majority
イノベータ理論における5分類のうちの1つ。新商品・新サービスの購買に対して、アーリー・アドプターはこれまでにない価値や利便性を重視するのに対し、アーリー・マジョリティは実用性を重んじる。

イノベータ理論：Innovator Theory
E・ロジャーズ教授が1962年発表した理論。社会学とマーケティングの融合の基になっている。横軸に時間、縦軸に普及度（シェア）を取ったグラフで表現すると、少しシンメトリック（左右対称）な鐘の形になるため、その形状から「イノベーションのベルカーブ」といわれる。

インサイドセールス：Inside Sales
顧客や見込み客に対して、主に電話でアプローチする手法。ただBtoBの場合は売ることを目的にするのはまれで、多くの場合ニーズを確認し、営業や代理店の訪問先や営業案件の創出を目的に運用される。

エスエーエル：SAL (Sales Accepted Lead)
マーケティング部門から供給されたMQLのうち、営業が承認した（受け入れた）案件のこと。

エスキューエル：SQL (Sales Qualified Lead)

SAL (Sales Accepted Lead) と SGL (Sales Generated Lead) の集合、または
そのリストを指す。

エムキューエル：MQL (Marketing Qualified Lead)

マーケティング部門が絞り込んだ有望な見込み客、またはそのリストを指す。
展示会やオンラインで獲得したリード（見込み客）を啓蒙育成（ナーチャリ
ング）し、あるスコアで絞り込んだもの。

エスジーエル：SGL (Sales Generated Lead)

営業が創出した「引き合い」に相当する案件のこと。

カバレッジ：Coverage

カバレッジとは網羅率を指す言葉で、統計、ソフトウエア開発など多くの分
野で使われ、それぞれ少しずつ異なる定義を持つ。マーケティングの世界で
「カバレッジ」と言えば、ある広告媒体や、キャンペーンがリーチ（情報を伝
えること）できる人口を指す場合が多いが、マスメディアを使わないBtoB
マーケティングでは異なる定義で使われている。BtoBマーケティング、特
にABM（Account Based Marketing）では、自社の保有するデータの中の想
定ターゲットに対する網羅率を指すことが多い。

キャズム理論：Crossing the chasm

G・ムーアが1991年に書いた著書『Crossing the Chasm』（日本語版『キャズ
ム』（翔泳社））の中で提唱した理論。社会学の権威E・ロジャーズが1962年
に提唱したイノベータ理論のベルカーブに「谷（キャズム）」があることを発
見し、なぜそこに「谷」が存在するのか、なぜ多くの製品や企業はそこに落
ちるのか、また落ちた場合はどうやってはい上がるのかを説明した。

クッキー：Cookie

ウェブサイト訪問者のPCに、一時的にデータを保存するための仕組み。訪問者の識別や、最後にウェブサイトを訪れた日時などを記録し、次に訪問したときに自動的に識別する場合などに利用される。

クリックスルーレート：CTR (Click Through Rate)

配信したメールの文中にあるURLやバナーがどれだけクリックされたかを示す指標。当社では、ユニークユーザー数÷有効配信数（総配信数−不達数）で算出する。

コストパーリード：CPL (Cost Per Lead)

1件のリードを獲得するためにかかった費用。

コンバージョンレート：Conversion Rate

コンバージョン（conversion）とは「転換」という意味で、ユーザーから見た製品・サービスへの関心のステージが変化（転換）したことを示す。「Conversion Rate」は直訳すると「転換率」。身分を明かすことと定義し、メルマガ登録、資料請求、セミナー参加申し込みなど、自らの身分を明かして何かに登録した行為をカウントしている。

サーチエンジンオプティマイゼーション：
SEO (Search Engine Optimization)

検索エンジンの検索結果の上位に自社のウェブサイトが表示されるように工夫すること。また、そのための技術。「検索エンジン最適化」などとも呼ばれる。

サーチエンジンマーケティング：SEM (Search Engine Marketing)

検索エンジンから自社ウェブサイトへの訪問者を増やすマーケティング手法。検索結果のより上位にサイトが掲載されるようコンテンツを最適化する

SEOや、有料リスティングサービスによる広告掲載などの手法がある。

シーエムオー：CMO（Chief Marketing Officer）
「最高マーケティング責任者」と訳される。全社のマーケティングを統括する幹部役職のこと。

データマネジメント：Data Management
収集した見込み客データに対して、（1）企業と個人の名寄せ、（2）企業と個人のひも付け（マージ）、（3）競合・営業対象外の排除（パージ）、（4）企業データへの属性情報の付与を行い、コミュニケーションの履歴やアクセスログなどを管理し、洗練された状態で保持すること。

パートナーリレーションシップマネジメント：PRM（Partner Relationship Management）
メーカーが販売パートナーやその営業チームとのコミュニケーションを管理し、より自社の製品やサービスを売ってもらうようにするマーケティングプログラム。WebとCRMとSFAを駆使しなければならず難しいが、大きな成果を期待できる。

パーミッション：Permission
本人の許諾を得てからコミュニケーションするという考え方を基に、本人自ら「メール配信してもいい」という意思表示を得ること。

パレートの法則（2：8の法則）
イタリアの経済学者V・パレートによって1900年代初頭に提唱されたもので、全体の80%の数値は、全体の20%の要素が生み出している、という法則。「2：8の法則」とも呼ばれている。BtoBの売上構成、営業成績、意思決定などに活用されている。

ビーディーアール：BDR (Business Development Representative)
マーケティング部門が創出した有望見込み客リスト（MQL）を営業や販売代理店に配分する役割を担う組織。個人でこの機能を担う場合は、ADRという。

ビジネスインテリジェンス：BI (Business Intelligence)
体系的にデータを分析するプロセス、またはそのためのソリューション。

プロダクトアウト：Product-out
製品ありきの販売戦略。マーケットのニーズよりも製品のスペックを上げることに注力し、「モノがあるから売る」という発想。

ページビュー：PV (PageView)
Webサイトにおいて、あるページが閲覧者のブラウザ上に何回表示されたかを示す数値。同一人物が複数回閲覧した場合はすべてカウントされるので、人数を知りたいときには無効な数値となる。

マーケットイン：Market-in
製品のスペックよりもマーケットの声を重視し、よりニーズのある製品を作っていくという発想。製品ありきではなく顧客ありきの販売戦略。

マーケティングオートメーション：MA (Marketing Automation)
マーケティング活動のプロセスを支援するシステムの総称。データベースに格納されているデータを基に顧客・見込み客とコミュニケーションし、セグメンテーションや効果測定などを行う。このシステムの機能にはキャンペーンマネジメントなども含まれる。

マーテック：MarTech
マーケティングテクノロジーの略。マーケティングに使うデジタルツールの総称

ライフタイムバリュー（顧客生涯価値）：LTV (Life Time Value)

シェアの概念を市場占有率から個人の生涯価値での占有率に転換した考え方で、あるエリア内での売上ではなく、顧客が生まれてから死ぬまでの間にもたらしてくれる価値を指す。LTVを向上させるためには個々のライフスタイルや状況に合わせたコミュニケーションが必要であり、そのために顧客データベースの構築が必須になる。

ラガード：Laggard

イノベータ理論における5分類のうちの1つ。新製品・新サービスが市場に広く普及してから購買する、あるいはずっと購入しないグループのこと。

リードクオリフィケーション：Lead Qualification

見込み客データベースから有望な見込み客を抽出すること。スコアはここで使われる。

リードジェネレーション：Lead Generation

見込み客（リード）を獲得するための活動や行動で、日本では展示会、セミナー、オンラインでの資料ダウンロード、営業名刺のデジタル化などを指す。

リードデータオプティマイゼーション：LDO (Lead Data Optimization)

当社の提唱するコンテンツマネジメント手法。リードデータ（ハウスリスト）に最適化したコンテンツをWebに用意し、メールでナビゲーションしてアクセスを解析する手法。ユニークで洗練されたデータベースと、事例をデジタルアーカイブ化したWeb、それを結ぶメールマガジンが融合して初めて実現する高次元なデータベースマーケティング。

リードナーチャリング：Lead Nurturing

見込み客の育成プロセス。リードジェネレーション活動で収集した見込み客を、メルマガやセミナーなどで啓蒙・育成するプロセス。

リターン・オン・マーケティング・インベストメント：
ROMI (Return On Marketing Investment)

マーケティングへの投資利益率の指標。マーケティング関連に投資したコストの費用対効果を計測するKPIで、米国では数年前から浸透している。「マーケティングROI」とも呼ばれる。

レイト・マジョリティ：Late Majority

イノベータ理論における5分類のうちの1つ。新製品・新サービスが市場に普及してから、購入を決断するグループのこと。

ロングテール：The Long Tail

インターネット系の情報誌Wiredの編集長だったC・アンダーソンが2000年頃に提唱した言葉で、「Amazon.com」「eBay」などの売上構成を説明するために使ったのが最初と言われている。ロングテールの法則はBtoCの売上構成には当てはまるが、BtoB（特に製造業・大手企業）の売上構成には当てはまらない。

本書で登場する著名人の紹介

アンドルー・グローヴ（Andrew Grove）
米国の実業家でIntelのCEOを長く務め、繁栄を築いた。日本企業に追い詰められたメモリー事業からの撤退とCPUへの転換を指揮したことで有名。

イゴール・アンゾフ（Igor Ansoff）
ブラウン大学で博士号取得後、カーネギーメロン大学経営大学院、旧ユナイテッド・ステイツ国際大学で教鞭をとる。その経歴を通じ、Philips、GE、IBMをはじめ、多くの多国籍企業に対しコンサルテーションを実施。彼の意思決定分類は、戦略（Strategy）・組織（Structure）・システム（Systems）の3Sモデルとして知られる。

エベレット・ロジャーズ（Everett Rogers）
イノベータ理論の提唱者。1962年に発表した「イノベータ理論」は世界を震撼させ、今にいたる社会学とマーケティングの融合の基になっている。

クレイトン・クリステンセン（Clayton M. Christensen）
ハーバードビジネススクールの教授、経営学者。著書『イノベーションのジレンマ』の中で破壊的技術の脅威を説いた。

ゴードン・ムーア（Gordon Moore）
Intelの共同創業者で、ロバート・ノイス、アンドルー・グローヴのトロイカ体制で現在のIntelを創り上げた。半導体のイノベーションとプロダクトライフサイクルを表現した「ムーアの法則」でも有名。

ジェフ・ベゾス (Jeffrey Bezos)

Amazon.comの共同創業者でCEO。世界の流通を激変させ、「Amazon Effect」「Death by Amazon」などと呼ばれて屍の山を築きながら、今なお世界の物流、購買、ネットワークなどを変革している人。

ジェフリー・ムーア (Geoffrey Moore)

ミスターキャズム。IT系のマーケティングの権威でキャズム理論の創始者。マーケティングコンサルティング会社キャズムグループ代表。代表的な著作『キャズム』は世界的なベストセラー。

ジェローム・マッカーシー (Jerome McCarthy)

4Pの提唱者。1961年に、マーケティングミックスの代表格である「4P」を提唱した米国のマーケティング学者。その後45年以上マーケティング全体のフレームワークを表すマーケティングミックスとして4Pは定着した。

ジャック・ウェルチ (John Francis Jack Welch)

世界最高の経営者といわれた人。GEのCEOを務め、1980年代の大規模な「リストラ」「ダウンサイジング」ブームをけん引した。また、企業のM&Aによる国際化を積極的に推進し、その功績から「20世紀最高の経営者」に数えられる。

ジョン・ネーサン (John Neeson)

BtoB企業のセールス&マーケティングにフォーカスしたリサーチ&アドバイザリーファームであるSiriusDecisionsの共同創業者。

ジョン・ミラー (Jon Miller)

Marketoの共同創業者。現在はABM（アカウントベースドマーケティング）の先導者として活躍。電子ブック『multiple Definitive Guides』の著者でもある。

スティーブ・ジョブス（Steve Jobs）

Appleの共同創業者で、倒産寸前だったAppleに復帰し、株価世界一の企業に導いた天才経営者。iPhoneの発表によって世界のコミュニケーションを劇的に変えた人。

スティーブン・ウッズ（Steven Woods）

世界最初のMAであるEloquaの開発者で、Eloqua社CTOを勤めた。2009年には、同分野における多大な貢献を評価され、Frost&Sullivan社より、"Customer Service Innovation Award"を受賞した。

セオドア・レビット（Theodore Levitt）

ハーバード大学大学院の教授で、米国のマーケティングのグルと呼ばれる一人。

フィリップ・コトラー（Philip Kotler）

米国の経営学者。現代マーケティングの第一人者として広く知られ、日本でも数多くの著書が翻訳されるとともに、解説本なども出版されている。顧客のセグメンテーション・ターゲティング・ポジショニングを説くSTP理論や、マーケティングの4Pにpeople・processes・physicalevidenceを加えた7P理論などが有名。

フィル・フェルナンデス（Phil Fernandez）

Marketoの共同創業者でCEOを長く務めた。Marketo創業前はCRMの大手ベンダーだったEpiphanyのCOO。

ロバート・ノイス（Robert Noyce）

MIT（マサチューセッツ工科大学）で博士号を取得し、集積回路を発明。Fairchild SemiconductorやIntelを創業し、シリコンバレーの主と呼ばれた技術者にして経営者。

著者プロフィール
庭山 一郎

シンフォニーマーケティング株式会社　代表取締役
中央大学大学院ビジネススクール 客員教授
IDN (InterDirect Network：インターダイレクトネットワーク) 理事
日本人材ビジネス協議会 副理事長

1962年生まれ、中央大学卒。1990年にシンフォニーマーケティング株式会社を設立。データベースマーケティングのコンサルティング、インターネット事業など数多くのマーケティングプロジェクトを手掛ける。1997年よりBtoBにフォーカスした日本初のマーケティングアウトソーシング事業を開始。製造業、IT、建設業、サービス業、流通業など各産業の大手企業を中心に国内・海外向けのマーケティングサービスを提供している。
2020年より、教育研修サービスと販売代理店をマネジメントして売る仕組み (PRM) も提供している。

海外のマーケティングオートメーションベンダーやBtoBマーケティングエージェンシーとの交流も深く、長年にわたって世界最先端のマーケティングを日本に紹介している。年間で150回以上に及ぶセミナー講師や、ノヤン先生として執筆している『マーケティングキャンパス』等、多数のマーケティングメディアの連載を通して、実践に基づいたマーケティング手法やノウハウを、企業内で奮闘するマーケターに向けて発信している。
ライフワークとして、ブナの植林活動など「森の再生」に取り組む。

主な著者には、『究極のBtoBマーケティング ABM（アカウントベースドマーケティング）』（日経BP）、『BtoBのためのマーケティングオートメーション 正しい選び方・使い方 日本企業のマーケティングと営業を考える』（翔泳社）、『ノヤン先生のマーケティング学』（翔泳社）がある。

BtoBマーケティング偏差値 UP

2020年8月24日　第1版第1刷発行

著　　者		庭山 一郎
発　行　者		吉田 琢也
発　　行		日経BP
発　　売		日経BPマーケティング
		〒105-8308
		東京都港区虎ノ門4-3-12
装　　丁		bookwall
制　　作		マップス
編　　集		松山 貴之
印刷・製本		大日本印刷